本书得到以下单位资助出版：
☆内蒙古财经大学
☆中蒙俄经贸合作与草原丝绸之路经济带
　构建研究协同创新中心

内蒙古自治区
社会经济发展
蓝皮书

总主编／杜金柱　侯淑霞

内蒙古自治区
社会保障发展报告
（2016）

娜仁图雅　魏瑞清＼主　编

THE SOCIAL SECURITY DEVELOPMENT
REPORT ON INNER MONGOLIA（2016）

图书在版编目（CIP）数据

内蒙古自治区社会保障发展报告（2016）/娜仁图雅，魏瑞清主编．—北京：经济管理出版社，2017.1

ISBN 978-7-5096-4139-2

Ⅰ.①内… Ⅱ.①娜… ②魏… Ⅲ.①社会保障—研究报告—内蒙古—2016 Ⅳ.①D632.1

中国版本图书馆 CIP 数据核字（2015）第 302766 号

组稿编辑：王光艳
责任编辑：许　兵
责任印制：黄章平
责任校对：雨　千

出版发行：经济管理出版社
（北京市海淀区北蜂窝 8 号中雅大厦 A 座 11 层　100038）
网　　址：www.E-mp.com.cn
电　　话：(010) 51915602
印　　刷：北京九州迅驰传媒文化有限公司
经　　销：新华书店
开　　本：720mm×1000mm/16
印　　张：11.25
字　　数：214 千字
版　　次：2017 年 1 月第 1 版　　2017 年 1 月第 1 次印刷
书　　号：ISBN 978-7-5096-4139-2
定　　价：98.00 元

·版权所有　翻印必究·
凡购本社图书，如有印装错误，由本社读者服务部负责调换。
联系地址：北京阜外月坛北小街 2 号
电话：(010) 68022974　　邮编：100836

内蒙古自治区社会经济发展蓝皮书
编委会

总 主 编　杜金柱　侯淑霞

编　　委　金　桩　柴国君　冯利伟　李兴旺
　　　　　朱润喜　冯利英　吕　君　许海清
　　　　　张启智　张智荣　宋继承　萨如拉
　　　　　娜仁图雅　王香茜　贾智莲
　　　　　娜仁图雅　赵秀丽　王世文

总 序

2015年，面对错综复杂的国际形势和艰巨繁重的国内改革发展稳定任务，内蒙古自治区各族人民在自治区党委、政府的正确领导下，深入学习贯彻党的十八大，十八届三中、四中、五中全会及习近平总书记系列重要讲话精神，按照"五位一体"总体布局和"四个全面"战略布局的总要求，牢固树立和贯彻落实创新、协调、绿色、开放、共享的发展理念，主动适应经济发展新常态。

《内蒙古自治区2015年国民经济和社会发展统计公报》显示，2015年末全区常住人口为2511.04万人，比2014年增加6.23万人。人口自然增长率为2.4‰。城镇化率达到60.3%，比2014年提高0.8个百分点。全区实现地区生产总值18032.8亿元，按可比价格计算，比2014年增长7.7%。全年居民消费价格总水平比2014年上涨1.1%。年末全区城镇单位就业人员为292.6万人。年末城镇登记失业率为3.65%。全年实现失业人员再就业人数为6.1万人。全年完成一般公共预算收入1964.4亿元，一般公共预算支出4290.1亿元，分别比2014年增长6.5%和10.6%。财政收入在增收困难较大的情况下，顺利完成了全年增长目标。全年农作物总播种面积756.8万公顷，比2014年增长2.9%。年末全区农牧业机械总动力为3805.1万千瓦，比2014年增长4.8%；综合机械化水平达到81.4%。全年全部工业增加值为7939.2亿元，比2014年增长8.2%。全区规模以上工业企业实现主营业务收入18522.7亿元，比2014年下降0.3%；实现利润940.5亿元，比2014年下降23.8%。全年规模以上工业企业产品销售率为96.6%，产成品库存额为643.2亿元，比2014年增长0.7%。全年建筑业增加值为1263.2亿元，比2014年增长6.7%。全年全社会固定资产投资总额为13824.8亿元，比2014年增长14.5%。其中，500万元以上项目完成固定资产投资13651.7亿元，比2014年增长14.5%。新开工项目12695个，比2014年增长2.4%；在建项目投资总规模35672亿元，比2014年下降0.1%。全年社会消费品零售总额为6107.7亿元，比2014年增长8.0%。全年海关进出口总额为790.4

亿元，比2014年下降11.6%。全年实际使用外商直接投资额33.7亿美元，比2014年下降15.4%。全年完成货物运输总量20.9亿吨，比2014年增长2.1%。全年完成旅客运输总量19820万人，比2014年增长0.2%。年末全区民用汽车保有量为400.1万辆，比2014年增长7.6%；全年邮电业务总量（2010年不变价）为400.3亿元，比2014年增长19.1%。全年实现旅游总收入2257.1亿元，比2014年增长25.0%。接待入境旅游人数160.8万人次，比2014年下降3.8%；旅游外汇收入9.6亿美元，比2014年下降4.0%。国内旅游人数为8351.8万人次，比2014年增长12.6%；国内旅游收入为2193.8亿元，比2014年增长25.7%。年末全区金融机构人民币存款余额为18077.6亿元，全年新增存款1641.3亿元，比2014年增长11.0%。全年全体居民人均可支配收入为22310元，比2014年增长8.5%。数据显示，2015年内蒙古自治区社会经济总体发展实现了稳中有进、稳中有好、进中有创、创中提质的良好态势，结构调整出现积极变化，改革开放不断深化，民生事业持续进步，经济社会发展迈上新台阶，实现了"十二五"圆满收官，为"十三五"经济社会发展、决胜全面建成小康社会奠定了坚实基础。

为真实反映内蒙古自治区社会经济发展全景，为内蒙古自治区社会经济发展提供更多的智力支持和决策信息服务，2013年，由内蒙古财经大学组织校内学者编写了《内蒙古自治区社会经济发展研究报告丛书》，丛书自出版以来，受到社会各界的广泛关注，亦成为社会各界深入了解内蒙古自治区的一个重要窗口。2016年，面对新的社会经济发展形势，内蒙古财经大学的专家学者们再接再厉，推出全新的《内蒙古自治区社会经济发展蓝皮书》，丛书的质量和数量均有较大提升，力图准确诠释2015年内蒙古自治区社会经济发展的诸多细节，书目包括《内蒙古自治区区域经济综合竞争力发展报告（2016）》《内蒙古自治区文化产业发展报告（2016）》《内蒙古自治区旅游业发展报告（2016）》《内蒙古自治区社会保障发展报告（2016）》《内蒙古自治区财政发展报告（2016）》《内蒙古自治区能源发展报告（2016）》《内蒙古自治区金融发展报告（2016）》《内蒙古自治区投资发展报告（2016）》《内蒙古自治区对外经济贸易发展报告（2016）》《内蒙古自治区中小企业发展报告（2016）》《内蒙古自治区区域经济发展报告（2016）》《内蒙古自治区工业发展报告（2016）》《蒙古国经济发展现状与展望（2016）》《内蒙古自治区商标品牌发展（2016）》《内蒙古自治区惠农惠牧政策促进农牧民增收发展报告（2016）》《内蒙古自治区物流业发展报告（2016）》。

一个社会的存续与发展，有其特定的社会和经济形态，同时也离不开独有的思想意识、价值观念和技术手段。秉承社会主义核心价值观、使命意识和学术的职业要求是当代中国学者应有的担当，正是基于这样的基本态度，我们编撰了本套丛书，丛书崇尚学术精神，观点坚持学术视角，客观务实，兼容并畜；内容上专业深入，丰富实用；兼具科学研究性、实际应用性、参考指导性，希望能给读者以启发和帮助。

丛书的研究成果或结论属个人或研究团队观点，不代表单位或官方结论。由于研究者水平有限，特别是当前复杂的世界政治经济形势下的社会演进节奏日新月异，对社会科学研究和发展走向的预测难度可想而知，因此书中结论难免存在不足之处，恳请读者指正。

编委会
2016.8

本书编委会

主　编：娜仁图雅　　魏瑞清
副主编：乌仁格日乐　鲍震宇
　　　　任海霞　　　李亮山
参　编：曹永红　　　钟丽杰
　　　　修龙滨

前 言

党的十八届三中全会通过的《中共中央关于全面深化改革若干重大问题的决定》明确了我国社会保障制度改革的目标是建立更加公平可持续的社会保障制度。目前，我国社会保障制度已成为世界上覆盖人群最多、保障项目基本齐全、保障功能日益增强的社会制度，并正在逐步走向成熟、定型的人人依法享有社会保障的新时代。目前，我国社会保障体系建设全面纳入法制轨道，已形成以《社会保险法》、《劳动合同法》、《职业病防治法》、《军人保险法》等为基本法律，以《社会救助暂行办法》、《社会保险费征缴暂行条例》、《失业保险条例》、《工伤保险条例》、《农村五保供养工作条例》等相关法规、规章和规范性文件为配套的社会保障法律体系。但是，当前我国社会保障制度发展还面临着巨大挑战，如人口老龄化的加速和城镇化冲击的严峻形势以及社会保障制度本身存在一些内在的"短板"的突出问题。因此，必须深化我国社会保障制度改革，坚持"保基本"，不断健全社会保障体系的结构，制定和实施积极的社会保障政策，促进社会保障制度平稳运行，实现公平、可持续发展的社会保障目标。

就内蒙古自治区而言，随着社会保障制度的不断建立健全，内蒙古自治区的社会保障制度覆盖面不断扩大、保障水平不断提高、基金规模不断扩大，为保障城乡居民生活、推进社会经济和谐发展发挥了巨大作用。2014年底，内蒙古自治区参加城镇职工基本养老、城乡居民基本养老、城镇基本医疗、失业、工伤和生育保险人数分别达到524.9万人、761.9万人、998.1万人、236.3万人、289.6万人和293.8万人，均超额完成年度任务。城乡居民基础养老金提高到65元，城镇居民医保财政补贴标准提高到320元。保障的各类困难对象和特殊群体达540多万人。其中，城乡最低生活保障对象193.5万人，农村牧区五保对象8.8万人；城市最低生活保障标准达到月人均472元，月人均补助标准达到390元；农村牧区低保保障标准达到年人均3229元，月人均补助标准达到198元。社会保障经办服务能力和规范化程度进一步提高，信息化建设进一步加强。同时，劳动关系总体和谐稳定，企业工资收入分配制度改革稳慎推进，劳动合同制度进一步得到贯彻落实。但是，内蒙古自治区社会保障制度的发展仍然不足，与内蒙古自治区社会经济发展水平不相适应，难以有效满足城乡居民日益增长的社会保障需求。因此，为建立更加公平、可持续的社会保障体系，必须完善各项社会保障制度，继续扩大社会保障制度覆盖面，实现应保尽保，提高社会保障统筹层次，增强基金统筹调剂功能，加强基金监督管理，提高基金的安全性和运行效率，不断提升经办管理能力，提供高效、便捷的公共服务，促进社会保障制度的城乡统筹发展。

完善内蒙古自治区社会保障制度，必须坚持"全覆盖、保基本、多层次、可持续"的方针，要提高社会保障制度及运行质量，加快推进城乡一体化社会保障制度建设。在经济新常态下，社会保障制度的改革和完善，关键在于根据经济社会发展进程合理确定社会保障的内涵和理念，这是构建和谐社会的内在要求，也是落实科学发展观和内蒙古自治区"8337"发展思路的具体行动。

本报告的设计思路是基于党的十八大明确提出的"全覆盖、保基本、多层次、可持续"的社会保障制度发展方针，充分考虑内蒙古自治区当前经济社会转型时期遇到的人口老龄化的压力，贫困人口脱贫、经济增长降速等重大问题，紧紧围绕内蒙古自治区党委提出的"8337"的发展思路而设立。

本报告以"社会服务与社会保险"为主题，精选出内蒙古自治区社会服务和社会保险领域的重点热点问题，深入探讨，反映了时代特征。政策与实务相结合，既反映社会保障制度政策发展情况，又分析现实中的突出问题并提出政策建议。

本报告分为总报告和专题报告两大部分。总报告从民政和社会保险事业两方面回顾了内蒙古自治区社会保障事业的发展，分析了社会保障事业的现状以及所面临的挑战和困境以及完善内蒙古自治区社会保障事业的对策。专题报告为各保障项目报告，以参保（保障）人数和基金收支为主线，主要从制度运行角度全面反映内蒙古自治区社会保障事业发展的现状和趋势。主要对内蒙古自治区城乡最低生活保障制度、养老服务、基本养老保险、基本医疗保险、失业保险制度的实施和和谐劳动关系的发展态势进行分析，并提出完善各项社会保障体系的内涵，缩小城乡之间社会保障差距，建立城乡一体化社会保障制度，促进基本公共服务均等化、劳动关系政府规制的完善思路与建议。

现呈现在广大读者面前的《内蒙古自治区社会保障发展报告（2016）》，是对内蒙古自治区社会保障制度发展的一些思考，既有宏观层面的分析，也有微观层面的分析。期望这些思考和分析，能够对关注这些问题的同仁及读者有所裨益。

目 录

总 报 告

第一章 内蒙古自治区民政事业发展态势 …………………………………… 3
 一、内蒙古自治区民政事业发展现状 ……………………………………… 4
  （一）内蒙古自治区社会救助制度的成就 ………………………………… 4
  （二）内蒙古自治区社会福利制度发展成就 ……………………………… 8
  （三）内蒙古自治区自然灾害救济制度发展成就 ………………………… 11
  （四）内蒙古自治区社会组织和社会事务方面政策创制成果丰硕 ……… 12
 二、内蒙古自治区民政事业发展中面临的问题 …………………………… 13
  （一）内蒙古自治区社会救助制度发展面临的问题 ……………………… 13
  （二）内蒙古自治区社会福利制度发展面临的问题 ……………………… 14
  （三）内蒙古自治区自然灾害救济制度发展面临的问题 ………………… 16
 三、内蒙古自治区民政事业发展机制的优化路径 ………………………… 17
  （一）优化社会救助的制度体系 …………………………………………… 17
  （二）优化社会福利制度体系 ……………………………………………… 18
  （三）优化自然灾害救济制度体系 ………………………………………… 20
  （四）内蒙古自治区民政其他相关配套措施的完善 ……………………… 21

第二章 内蒙古自治区社会保险事业发展态势 ……………………………… 23
 一、内蒙古自治区社会保险事业发展现状 ………………………………… 24
  （一）社会保险参保人数不断增加 ………………………………………… 24
  （二）社会保险基金收支总规模逐步扩大 ………………………………… 25
  （三）社会保险制度的保障水平稳步提高 ………………………………… 27

（四）财政对社会保险项目的补助水平提高 …………………………… 29
　　（五）社会保险信息化建设工程不断完善 …………………………… 29
　二、内蒙古自治区社会保险事业发展面临的问题 ……………………… 29
　　（一）社会保险制度的缴费率高 ……………………………………… 29
　　（二）社会保险基金难以可持续发展 ………………………………… 30
　　（三）农（牧）民工社会保险参保率较低 …………………………… 31
　　（四）社会保险在制度层面存在分割现象 …………………………… 31
　三、内蒙古自治区社会保险事业发展机制的优化路径 ………………… 32
　　（一）增加政府财政投入 ……………………………………………… 32
　　（二）适度降低社会保险缴费负担 …………………………………… 32
　　（三）保证社会保险基金可持续发展 ………………………………… 32
　　（四）完善农（牧）民工社会保险制度 ……………………………… 33
　　（五）整合社会保险制度 ……………………………………………… 33

专 题 报 告

第三章　内蒙古自治区城乡最低生活保障制度运行态势 …………… 37
　一、内蒙古自治区城乡最低生活保障制度发展现状 …………………… 38
　　（一）最低生活保障制度的覆盖范围逐步扩大 ……………………… 38
　　（二）最低生活保障制度的保障标准逐年提高 ……………………… 39
　　（三）最低生活保障制度的政府财政投入力度逐步加大 …………… 41
　　（四）最低生活保障制度的管理工作不断规范 ……………………… 42
　二、内蒙古自治区城乡最低生活保障制度发展面临的问题 …………… 43
　　（一）低保救助对象精准性分析：覆盖面较窄 ……………………… 43
　　（二）低保保障标准适度性分析：低保标准较低 …………………… 43
　　（三）低保救助管理的合理性分析：管理不规范 …………………… 45
　　（四）救助资金来源多元化分析：救助资金单一化 ………………… 46
　　（五）低保救助项目叠加性分析：全面救助和无救助并存 ………… 46
　三、内蒙古自治区最低生活保障制度发展机制的优化路径 …………… 47
　　（一）低保救助对象精准化 …………………………………………… 47
　　（二）低保救助标准适度化 …………………………………………… 48
　　（三）低保救助形式多样化 …………………………………………… 50
　　（四）低保救助资金筹集多元化 ……………………………………… 50

（五）低保退出机制常态化 ·············· 51
（六）低保管理工作规范化 ·············· 52

第四章　内蒙古自治区社会化养老服务体系发展态势　54

一、内蒙古自治区社会化养老服务体系的现状 ·············· 55
（一）养老服务政策支撑体系初步建立 ·············· 55
（二）养老福利机构床位数逐年增加 ·············· 55
（三）养老福利机构工作人员逐年增加 ·············· 56
（四）养老福利机构年末收养人数逐年增加 ·············· 57
（五）内蒙古自治区养老福利机构入住率逐年波动上升 ·············· 57
（六）内蒙古自治区养老福利机构工作人员与老年人比例有所提高 ·············· 58
（七）养老服务各项改革试点稳步推进 ·············· 59

二、内蒙古自治区社会化养老服务体系发展面临的问题 ·············· 60
（一）政府财政对社会化养老服务投入不足 ·············· 60
（二）社会化养老服务资源供给不足 ·············· 60
（三）公办养老机构发展相对滞后，存在一定的床位缺口 ·············· 61
（四）政府采购责任存在一定的"缺位"现象 ·············· 61
（五）社会化养老服务政府监管较弱 ·············· 61

三、内蒙古自治区社会化养老服务业体系发展机制的优化路径 ·············· 62
（一）强化政府责任，加大投入力度 ·············· 62
（二）发挥政府主导作用，构建多元化养老服务供给体系 ·············· 62
（三）深化养老服务与医疗服务的融合 ·············· 63
（四）优化政府购买养老服务方式 ·············· 63
（五）按照养老需求，政府合理规划养老服务设施 ·············· 64
（六）建立长期护理保险制度 ·············· 64
（七）积极引入第三方评价机制 ·············· 65
（八）加强专业服务人才培养与队伍建设 ·············· 65
（九）强化监督管理，提高政府服务效率 ·············· 65

第五章　内蒙古自治区基本养老保险制度运行态势　67

一、内蒙古自治区基本养老保险制度发展现状 ·············· 69
（一）基本养老保险制度实现了制度全覆盖，参保人数不断增加 ·············· 69
（二）基本养老保险基金收支规模及积累数额不断增大 ·············· 71
（三）基本养老保险待遇水平连年上调 ·············· 74

（四）基本养老保险享受待遇人数不断增加 …………………………… 75
　　（五）基本养老保险社会化管理服务水平显著提高 …………………… 76
　　（六）企业年金取得较快发展 …………………………………………… 77
　　（七）基本养老保险制度信息化建设工作取得阶段性成绩 …………… 77
二、内蒙古自治区基本养老保险制度发展面临的问题 ………………………… 78
　　（一）基本养老保险扩面征缴工作仍需加强 …………………………… 78
　　（二）基本养老保险基金收入增长缓慢 ………………………………… 78
　　（三）养老保险基金支付压力倍增 ……………………………………… 79
　　（四）城镇职工基本养老保险个人账户"空账运行"问题尚未解决 … 79
　　（五）基本养老保险待遇水平有待进一步提高 ………………………… 80
　　（六）企业年金发展相对缓慢 …………………………………………… 80
　　（七）基本养老保险基层公共服务平台的信息化建设滞后 …………… 81
三、内蒙古自治区基本养老保险制度发展机制的优化路径 …………………… 81
　　（一）完善激励监督机制，保证养老保险基金收入稳定 ……………… 81
　　（二）采取多种渠道，稳步提高养老金待遇水平 ……………………… 82
　　（三）寻求多种方式，逐步解决个人账户"空账运行"问题 ………… 82
　　（四）建立具有地区特色的多层次养老保险制度 ……………………… 83
　　（五）加快基本养老保险制度信息化建设 ……………………………… 84
　　（六）加强基本养老保险制度法制建设 ………………………………… 84
　　（七）加强基本养老保险制度建设的宣传力度 ………………………… 84

第六章　内蒙古自治区基本医疗保险制度运行态势 …………………… 85
一、内蒙古自治区基本医疗保险制度发展现状 ………………………………… 86
　　（一）基本医疗保险制度实现了制度全覆盖，参保人数不断增加 …… 86
　　（二）基本医疗保险筹资水平逐年提高 ………………………………… 86
　　（三）基本医疗保险待遇水平稳步提高 ………………………………… 88
　　（四）医疗保险基金收支规模及累计结余增长迅速 …………………… 89
　　（五）积极推进医疗保险付费方式改革，完善医疗费用结算管理办法 … 90
二、内蒙古自治区基本医疗保险制度发展面临的问题 ………………………… 91
　　（一）基本实现了制度全覆盖，但尚未实现人群全覆盖 ……………… 91
　　（二）医疗费用增长过快，超过患者支付能力 ………………………… 92
　　（三）基本医疗保险制度的统筹层次较低 ……………………………… 92
　　（四）城镇基本医疗保险基金大量结余与使用效率低下问题共存 …… 93
　　（五）对医疗服务提供方的有效制约和费用控制机制尚未建立 ……… 94

（六）基本医疗保险制度有失公平 …………………………………… 95
　三、内蒙古自治区基本医疗保险制度发展机制的优化路径 …………… 95
　　（一）提高基本医疗保险制度统筹层次 …………………………… 95
　　（二）加强医疗保险基金预算管理，推进基本医疗保险
　　　　　付费总额控制制度 ……………………………………………… 95
　　（三）健全重特大疾病医疗保险制度，提高医疗保障水平 ……… 96
　　（四）完善基本医疗保险关系转移接续办法 ……………………… 96
　　（五）逐步建立社区首诊制、双向转诊制 ………………………… 96
　　（六）优化城镇职工基本医疗保险个人账户的设计 ……………… 96
　　（七）提升医疗保险经办机构的专业化服务 ……………………… 97

第七章　内蒙古自治区失业保险制度运行态势 ……………………… 99

　一、内蒙古自治区失业保险制度发展现状 …………………………… 100
　　（一）内蒙古自治区失业保险的参保人数增加 …………………… 100
　　（二）失业保险基金收支规模扩大 ………………………………… 101
　　（三）失业保险水平提高 …………………………………………… 102
　　（四）失业保险政策不断完善 ……………………………………… 102
　二、内蒙古自治区失业保险制度发展面临的问题 …………………… 103
　　（一）失业保险覆盖面过窄 ………………………………………… 103
　　（二）失业保险制度实施中存在"不重合"问题 ………………… 103
　　（三）失业保险待遇及保障水平较低 ……………………………… 104
　　（四）失业保险制度的就业促进功能较弱 ………………………… 104
　　（五）失业保险统筹层次偏低，造成条块分割状态 ……………… 105
　　（六）失业保险基金贬值风险大 …………………………………… 105
　　（七）失业保险基金责任界定不明确 ……………………………… 106
　　（八）失业保险制度有失公平 ……………………………………… 106
　三、内蒙古自治区失业保险制度发展机制的优化路径 ……………… 106
　　（一）扩大失业保险制度覆盖面 …………………………………… 106
　　（二）增强失业保险制度的基本生活保障能力 …………………… 106
　　（三）充分发挥失业保险制度促进就业、预防失业的功能 ……… 107
　　（四）提高统筹层次，促进劳动力自由流动 ……………………… 107
　　（五）建立失业保险"名义个人账户"制度 ……………………… 108
　　（六）建立失业保险基金投资管理体制 …………………………… 108
　　（七）完善农（牧）民工失业保险制度 …………………………… 108

（八）加强失业保险基金及就业专项基金管理 …………………………… 109

第八章　内蒙古自治区和谐劳动关系发展态势 …………………………… 110
　一、内蒙古自治区企业劳动关系现状 ……………………………………… 112
　　（一）劳动争议的三方机制有序推进 ……………………………………… 113
　　（二）工资集体协商制度进展顺利 ………………………………………… 115
　　（三）企业劳动合同签订率稳步提升 ……………………………………… 117
　　（四）企业工会组织建设取得一定成就 …………………………………… 119
　　（五）企业职工收入水平不规范的局面明显改善 ………………………… 119
　二、内蒙古自治区劳动关系所存在的主要问题 …………………………… 122
　　（一）劳动合同不规范问题依旧突出 ……………………………………… 122
　　（二）工会职能没有得到充分发挥 ………………………………………… 123
　　（三）劳动者发展权重视不够 ……………………………………………… 124
　　（四）法律法规不健全，政府监管力度不够 ……………………………… 125
　三、劳动关系政府规制策略的完善 ………………………………………… 126
　　（一）劳动关系法律规制体系的完善 ……………………………………… 126
　　（二）健全与发展工会组织 ………………………………………………… 127
　　（三）集体谈判制度的促进 ………………………………………………… 128
　　（四）劳动争议调解机制的完善 …………………………………………… 129
　　（五）完善劳动监察制度 …………………………………………………… 130
　　（六）促进产业民主制度的建设 …………………………………………… 130

附　件 ……………………………………………………………………………… 132
　　附件一　内蒙古自治区2014年城乡居民最低生活保障标准一览表 …… 132
　　附件二　内蒙古自治区最低生活保障工作绩效评价办法 ……………… 135
　　附件三　内蒙古自治区人民政府关于进一步完善城乡居民基本
　　　　　　养老保险制度的意见 …………………………………………… 139
　　附件四　内蒙古自治区人民政府办公厅关于印发《内蒙古自治区
　　　　　　本级职工基本医疗保险管理办法》等五个办法的通知 ……… 143

参考文献 ………………………………………………………………………… 156

后　记 …………………………………………………………………………… 160

总 报 告

第一章

内蒙古自治区民政事业发展态势

2014年，内蒙古自治区各级民政部门认真贯彻党的十八大和十八届三中全会、四中全会精神以及习近平总书记视察内蒙古自治区时重要讲话精神，贯彻落实内蒙古自治区"8337"发展思路，围绕建设务实创新现代民政总目标，切实履行保障和改善基本民生、创新相关社会治理、提供社会服务等方面职能，全面深化改革，推进精细化管理，不断提升民政工作水平，民政工作在新常态下呈现新亮点。但面对经济社会发展的新常态，面对人民群众日益增长的新期待、新要求，民政工作还存在着诸多问题。因此，必须要夯实基础、完善制度，创新机制、规范管理，全力推进防灾减灾救灾、城乡社会救助、社会福利、基层社会管理、双拥优抚安置、社会事务公共服务六大服务体系建设，为自治区经济社会发展做出应有贡献。

一、内蒙古自治区民政事业发展现状

(一) 内蒙古自治区社会救助制度的成就

社会救助是一项保民生、促公平的托底线,救急难、可持续的基础性制度安排,事关困难群众衣食冷暖,确保全体人民共享改革发展成果。2014年,内蒙古自治区民政厅围绕"创新、务实、现代"民政工作目标和社会救助工作精细化管理要求,着力构建以最低生活保障、农村牧区五保供养、医疗救助等社会救助制度为主体,以社会力量参与为补充的社会救助制度体系,基本实现救助范围覆盖城乡、操作程序明确规范、困难群众应保尽保、救助水平逐步提高的制度目标。

1. 救助的各类困难和特殊群体规模增加

(1) 城乡最低生活保障制度的覆盖面逐步扩大。如图1-1所示,2014年,内蒙古自治区保障的各类困难对象和特殊群体达540多万人,比2013年增加300万人。其中,城市低保对象70.8万人,农村牧区低保对象122.6万人。

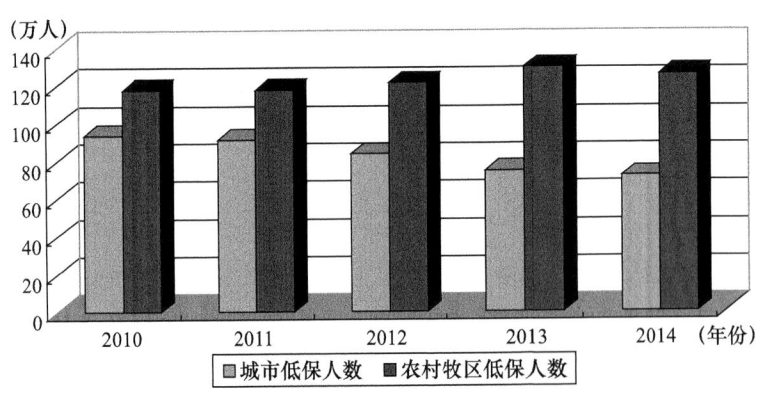

图1-1 内蒙古自治区城乡居民最低生活保障对象

(2) 救助特殊群体人数逐年增加。如表1-1所示,2014年,内蒙古自治区救助城镇"三无"人员1.5万人,"三民"① 2.6万人,孤儿6900人。同时,实施了专项救助。其中:累计实施医疗救助133.7万人次,临时救助5.15万户,救助低保家庭贫困大学生1.86万人,补助低保、五保对象电费补贴资金1.19亿元,帮助城市低保零就业家庭实现就业4.78万人,将12.2万户城镇困难户纳入

---

① "三民"人员指"文革"期间因"内人党"事件被打致残的无工作的城镇居民、农民、牧民。

住房保障,对16.7万座农村牧区困难群众危房进行了改造,有105.3万户农牧区低保、五保对象家庭享受冬季取暖一吨煤救助,内蒙古自治区困难群体享受的各项惠民保障政策达到54项。

表1-1　2010~2014年内蒙古自治区特殊群体生活保障人数

单位:万人

年份	2010	2011	2012	2013	2014
孤残儿童对象	0.75	0.75	0.69	0.69	0.69
城镇"三无"对象	1.33	1.33	1.38	1.30	1.50
"三民"对象	3.02	2.81	2.60	2.60	2.60
五保对象	9.11	9.27	8.98	8.77	8.80

资料来源:《内蒙古民政厅工作总结》(2010~2014),内蒙古自治区民政厅官方网站。

2. 各类救助水平逐年提高

(1) 最低生活保障制度的保障水平和补助水平逐年增加。保障水平是衡量最低生活保障制度成效的重要标准,不断提高待遇水平是救助对象的普遍期盼。

如表1-2、表1-3和图1-2所示,2014年,内蒙古自治区各级政府不断提高了城乡最低生活保障标准和补助水平。城市低保保障标准达到月人均472元,较2013年提高6.3%,月人均补助标准达到390元;农村牧区低保保障标准达到年人均3229.2元,较2013年提高9%,月人均补助标准达到198元。

表1-2　2010~2014年内蒙古自治区城乡最低生活水平保障(补助)标准

单位:元

年份	2010	2011	2012	2013	2014
城市低保月保障标准	299.0	343.5	407.7	460.3	472.0
农村牧区低保月保障标准	161.4	198.8	242.2	284.6	269.1
城市低保月人均补助标准	263.8	325.4	329.3	324.0	390.0
农村牧区低保月人均补助标准	108.0	152.2	164.7	185.9	198.0

数据来源:根据《中国民政统计年鉴》(2014)中的相关数据计算得出;2014年数据来源于《内蒙古民政厅工作总结》(2014)。

表1-3　2011~2014年内蒙古自治区最低生活水平保障（补助）标准增长率

单位:%

年份	2011	2012	2013	2014
城市低保月保障标准增长率	14.88	18.69	12.90	2.54
农村牧区低保年保障标准增长率	23.17	21.83	17.50	-5.4
城市低保月人均补助标准增长率	23.35	1.19	-1.6	20.37
农村牧区低保月人均补助标准增长率	40.92	8.21	12.87	6.50

数据来源：根据《中国民政统计年鉴》（2014）中的相关数据计算得出；2014年数据来源于《内蒙古民政厅工作总结》（2014）。

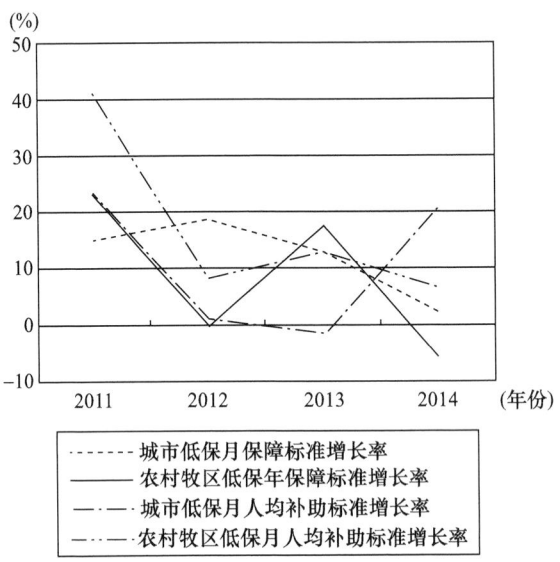

图1-2　内蒙古自治区城乡居民最低生活保障标准与补助标准增长率

（2）提高了农村牧区五保户集中和分散供养标准。如表1-4所示，农村牧区五保户集中供养和分散供养标准分别达到年人均6670元和3643元，增幅达8.67%和8.97%；城镇"三无"人员集中供养和分散供养标准达到月人均784元和560元，孤儿集中供养和分散供养标准分别达到月人均1232元和1008元，四项指标均比2013年提高12%；"三民"对象生活补助标准每人每月提高20元，患重特大疾病困难群众人均住院救助水平达到2466元，低保边缘群体临时救助水平达到户均1087元。

表1-4 2010~2014年内蒙古自治区特殊群体生活保障标准

单位：元

各项标准	2011年		2012年		2013年		2014年	
	金额	增长率（%）	金额	增长率（%）	金额	增长率（%）	金额	增长率（%）
五保户集中供养标准	4052	30.50	4858	19.89	6138	26.35	6670	8.67
五保户分散供养标准	2388	13.28	2823	18.22	3343	18.42	3643	8.97
"三无"人员集中供养标准	700	105.88	700	0.00	700	0.00	784	12.00
"三无"人员分散供养标准	500	134.74	500	0.00	500	0.00	560	12.00
孤残儿童集中供养标准	1100	57.14	1100	0.00	1100	0.00	1232	12.00
孤残儿童分散供养标准	900	80.00	900	0.00	900	0.00	1008	12.00
"三民"对象生活补助标准	481	40.64	585	21.62	644	10.09	664	3.11

数据来源：根据《中国民政统计年鉴》（2014）的数据整理计算得出；2014年数据来源于《内蒙古民政厅工作总结》（2014）。

3. 政府财政投入力度逐年增加

如表1-5所示，2014年，在经济下行和财政困难的形势下，内蒙古自治区财政对民政事业的公共投入成倍增长，全年共下拨民政专项保障资金83.3亿元。其中：社会救助资金57.4亿元，灾害救助资金1.6亿元，优抚事业经费5.4亿元，安置经费4.2亿元，社会福利资金1.9亿元，高龄津贴补助资金2.6亿元，社会事务资金0.42亿元，社区建设资金2000万元，其他民政事业经费0.75亿元，福彩公益金7.8亿元。其中，自治区本级预算内资金下拨率达到93.7%，比2013年提高12%，有力地保障了民生政策的顺利实施。

表1-5 2014年民政各专项保障资金

各项资金	绝对规模（亿元）	所占比例（%）
社会救助资金	57.4	68.9
灾害救助资金	1.60	1.92
优抚事业经费	5.40	6.48
安置经费	4.20	5.04
社会福利资金	1.90	2.28
高龄津贴补助资金	2.60	3.12

续表

各项资金	绝对规模（亿元）	所占比例（%）
社会事务资金	0.42	0.50
社区建设资金	0.20	0.24
其他民政事业经费	0.75	0.90
福彩公益金	7.80	9.36

数据来源：《内蒙古民政厅工作总结》（2014），内蒙古民政厅官方网站。

4. 实施疾病应急救助制度

2014年，内蒙古自治区利用疾病应急救助基金救助无钱、无家属、无地址"三无"患者。内蒙古自治区通过财政投入和社会捐助等渠道，在自治区本级和各盟市建立专门的疾病应急救助基金，对境内发生的危重疾病、需要急救但身份不明或无力支付医疗费用的患者，在医疗机构接受紧急救治所发生的医疗费用给予补助。在疾病应急救助基金募集过程中，除自治区本级财政拨付部分外，内蒙古自治区各盟市根据实际需求将疾病应急救助基金纳入财政预算安排，中央和自治区财政对财力困难地区给予补助。

5. 社会救助运行机制不断健全，管理水平不断提高

一是建立健全了统筹协调机制，建立了社会救助领导小组或部门协调机制；二是加快建立了居民家庭经济状况核对机制；三是基本形成了"一门受理、协同办理"机制；四是不断健全了低保标准动态调整机制，实行社会救助和保障标准与物价上涨挂钩，保障困难群众实际生活水平不因物价大幅上涨而降低；五是逐步健全了社会救助监督检查长效机制。

6. 不断创新社会救助制度

制定了《内蒙古自治区贯彻落实国务院〈社会救助暂行办法〉的实施意见》、《内蒙古自治区关于开展"救急难"试点工作方案的通知》等17项政策，建立了社会救助部门联席会议制度和"一门受理、协同办理"、"救急难"主动发现、监督检查和责任追究等6项工作机制，推进家庭经济状况核对，推广低保对象综合认定指标体系，在23个旗县（市、区）开展"救急难"试点工作，确保困难群众"求助有门"、受助及时，城乡社会救助在托底线、救急难、补短板、扫"盲区"、促公正方面成效显著。

（二）内蒙古自治区社会福利制度发展成就

目前，内蒙古自治区社会福利事业初步形成了以居家养老为基础，以政府、集体举办福利机构为骨干，以社会力量举办福利机构为新的增长点，以社区福利服务为依托的多渠道、多形式发展的新局面。2014年，为了加快社会福利事业

的发展,各级地方党委、政府高度重视,加强领导和管理,在民政部门和社会各界密切配合、积极参与下,社会福利呈现出前所未有的良好的发展势头。其主要体现如下:

1. 完善了多样化的社会福利服务模式

养老服务是目前社会福利服务的主要内容。各地民政部门根据老龄化、高龄化的社会需求,结合各地实际情况,在继续稳步推进机构社会化养老的同时,适度引入市场机制,充分调动企事业单位、社会中介组织、个人等一切社会力量参与社会福利事业,激发社会内在的发展活力。大力探索以居家养老为主要形式的多元化、社会化的养老模式。

2014年,在包头市、乌兰察布市、锡林郭勒盟和鄂尔多斯市四个地区分别开展城市养老、农村养老、牧区养老、社会化养老四种养老服务模式试点,在包头市、乌海市、鄂尔多斯市等地开展政府购买养老服务试点,在呼和浩特市、巴彦淖尔市、鄂尔多斯市、包头市等地开展公办养老机构"公办民营"经营机制改革试点和养老机构意外责任险试点,社会养老服务呈现出改革创新、机制完善、示范引领、多元发展的大好局面。

2. 创新了社会福利社会化的发展平台

在搞好福利机构建设的同时,大力探索以社区福利服务为主的社会化新平台建设。从1987年民政部倡导开展社区服务以来,社区服务在全国大中城市已初具规模。2014年,内蒙古自治区各地又普遍开展社区建设,使社区福利服务的平台建设得到更大的发展。

(1) 2014年,筹集社会福利资金15.1亿元,销售社会福利彩票49.6亿元,分别比2013年增长23.6%和25.4%。接受社会捐赠420.6万元,其中自治区本级直接接受社会捐赠51.9万元,盟市级直接接受社会捐赠346.3万元,间接接受社会捐赠22.3万元。内蒙古自治区各地又普遍开展社区建设,使社区福利服务的平台建设得到更大的发展。

(2) 2014年,内蒙古自治区共有社区服务机构数2255个;社区服务指导中心4个;社区服务中心981个(其中农村社区服务中心28个);社区服务站692个(其中农村社区服务站33个);养老等其他社区服务机构578个;社区服务机构覆盖率19.03%;社区日间照料床位数7353张;社区留宿照料床位数1770张。基本建成了各种经济成分并存、服务门类齐全、服务质量和管理水平较高的社区服务网络,为实现社会福利社会化做出了有益的探索,拓宽了社会福利社会化途径。

(3) 2014年,加强了财政投入力度。财政投入建设了一所自治区级示范性老年养护院。通过"以奖代补"形式支持建设了6个盟市级和51个旗县级示范性老年养护院。累计投入 21.5 亿元用于支持农村牧区互助幸福院建设,建设养老床位 8.5 万张,养老床位总数达到 20.5 万张,平均每千名老人拥有养老床位达到 47 张。城市社区居家养老服务设施覆盖率达到 30% 以上,为扩大养老服务消费奠定了良好的基础。

3. 出台了一系列社会福利社会化的优惠政策

由于社会福利机构的利润率较低、资金回收周期长,如果单纯按照成本核算,绝大多数民办福利机构在创办初期基本处于亏损状态,这种现象影响了社会力量开办福利机构的积极性,使许多准备开办社会福利机构的投资者望而却步。为此,为鼓励和支持社会力量兴办社会福利事业,各级政府通过制定优惠政策予以扶持。其中主要包括投融资、土地供应、税费优惠、财政补贴、人才培养和就业等政策。

(1) 投融资政策方面。2014 年,彩票公益金 50% 以上的资金用于发展养老服务业。民间资本举办的非营利性养老机构和政府举办的养老机构,可以依法使用农村牧区集体所有土地。

(2) 税费优惠政策方面。对非营利性养老机构自用房屋、土地免征房产税、城镇土地使用税,并对符合条件的非营利性养老机构规定免征企业所得税;对企事业单位、社会团体和个人向非营利性养老机构的捐赠,符合相关规定的,准予在计算其应纳税所得额时按税法规定比例扣除。各地对非营利性养老机构建设要免征有关行政事业性收费,对营利性养老机构建设要减半征收有关行政事业性收费,对养老机构、社会组织和家政、物业等企业提供养老服务也要适当减免行政事业性收费。免缴城市基础设施配套费,免缴城市建设和房屋建设的有关收费;适当减免建设项目环境影响评价收费;减半收取防空地下室易地建设费;养老机构、社会组织和家政物业等企业用电、用水、用气、用热按居民生活类价格执行。境内外资本开办养老机构享有同等的税收等优惠政策。

(3) 财政补贴政策方面。内蒙古自治区财政对社会力量举办的非营利性养老机构,根据建设、维修改造、运营等不同情况,分别给予每张床位 6000 元的一次性建设补贴、4000 元的一次性修缮补贴和每张床位每月 100~300 元的运营补贴。

(4) 政策性保险政策方面。坚持政府支持、养老机构投保、保险公司运作、老年人受益的原则,实施养老服务机构政策性保险制度,降低养老服务机构的运营风险。推行政府、养老服务机构和入住老人按照 5∶3∶2 的保费比例投保养老机构责任保险,政府对公办和非营利性养老机构的投保费用,采取内蒙古自治区、盟市、旗县(市、区)财政 5∶3∶2 的比例给予补贴。

(5) 人才培养和就业政策方面。逐步推行养老服务机构从业人员的职业资格认证和持证上岗制度。将与养老护理相关的职业（工种）列入紧缺急需工种目录，纳入各级人力资源社会保障部门就业再就业培训体系，满足养老护理员技能培训的需求。引导和整合高等院校、中等职业学校和职业培训机构教育资源，加快培养老年服务管理、医疗保健、护理康复、营养调配、心理咨询等专业人才。鼓励毕业生从事养老服务工作，落实职业培训补贴政策。内蒙古自治区各级政府利用财政资金、就业再就业培训资金、福利彩票公益金采取补贴方式，加大养老护理员的培训力度。

4. 强化依法行政力度

开展了"法律进机关"主题活动，积极推进行政审批制度改革，建立了行政权力清单制度，做到了行政权力边界清晰、责任明确。加大立法创制和规范性文件合法性审查力度，指导基层民政部门依法实施行政许可和行政处罚，机关干部运用法治思维和法治方式分析解决问题的能力进一步提高。

（三）内蒙古自治区自然灾害救济制度发展成就

在全球气候变化背景下，内蒙古自治区极端天气气候事件发生的概率进一步增大。其中主要是降水分布不均衡、气温异常变化等因素导致的洪涝、干旱、森林草原火灾、农林病虫害等灾害增多。为此，内蒙古自治区党委、政府把自然灾害防御提到重要议事日程上，完善了"政府主导、部门联动、社会参与"的气象灾害防御机制，充分发挥政府各有关部门及社会组织、公众的作用，实现了利用全社会资源开展气象灾害防御工作，取得了一定的成就。

1. 提升救助受灾困难群众的能力

内蒙古自治区的沙尘暴、干旱、雪灾等灾害较为严重。为此，2014年，针对内蒙古自治区严重旱情、沙尘暴以及其他灾情，启动了救灾应急响应，强力推进灾害管理由应急救助向综合防灾、减灾、救灾转型跨越。同时，内蒙古自治区到村嘎查五级自然灾害救助应急预案体系初步形成，基本实现灾后12小时内紧急救助措施落实到位，受灾困难群众基本生活得到保障。如表1-6所示，2014年，内蒙古自治区共救助受灾困难群众320万人次。

表1-6 2010~2014年内蒙古自治区转移安置和灾害救助人数情况

年份	2010	2011	2012	2013	2014
转移安置人口（万人）	3.50	6.10	8.80	9.36	9.36
救助人次（万人次）	222	142	258	257	320
救灾资金（亿元）	3.57	4.29	3.91	4.34	3.50

数据来源：《内蒙古民政厅工作总结》（2014），内蒙古自治区民政厅官方网站。

2. 救灾物资储备库建设工作上了一个新台阶

2014 年，内蒙古自治区全年共投入福彩公益金 3500 万元，新建、续建内蒙古自治区代储库 2 个、盟市级储备库 8 个、旗县级储备库 26 个。内蒙古自治区本级储备库、东部救灾物资代储库、西部救灾物资代储库、8 个盟市储备库和 75 个旗县储备库相继建成并投入使用，已完成规划建设目标任务的 90%，救灾减灾能力进一步增强。

3. 强化了灾害救济制度建设工作

2013 年，内蒙古自治区财政厅、民政厅联文出台《内蒙古自治区自然灾害生活救助资金管理暂行办法》（以下简称《暂行办法》）。《暂行办法》就自然灾害等级划分和灾区核查、评估，补助项目和补助内容，资金预算安排、申请和拨付，资金分担比例和考核，资金管理和监督、检查等七项内容做出了明确规定和要求。

根据《暂行办法》，将建立自然灾害生活救助资金中央和自治区各级财政资金投入分担机制，遭受特大自然灾害地区所需自然灾害生活救助资金，由中央、自治区、盟（市）、旗县（市、区）财政共同负担，具体分担比例：中央财政负担 70%、自治区本级财政分担 15%、盟市、旗县财政负担 15%。重大自然灾害地区所需自然灾害救助资金，根据各地经济发展水平、财力状况和自然灾害特点等因素确定，同时积极争取国家支持。财政厅、民政厅每年年底将按各级财政分担比例对各盟（市）、旗县自然灾害生活救助资金落实情况进行考核，自治区本级财政在每年年底安排冬春临时生活困难救助资金时，将把各地落实自然灾害生活救助资金情况作为一项分配因素考虑。

（四）内蒙古自治区社会组织和社会事务方面政策创制成果丰硕

在规范和培育社会组织方面，制定了《关于清理规范全区党政机关干部兼任社会组织职务的通知》、《内蒙古自治区社会组织直接登记办法（试行）》等 4 项政策文件，改革社会组织登记管理体制，下放了审批权限。清理规范党政机关兼任社会组织行为，党政机关干部兼任社会组织职务过多过滥的问题从根本上得到解决。推进政府购买社会组织服务，开展居家养老、社工培训、社会组织孵化等 6 个方面的政府购买服务试点，5 个盟市、3 个旗县区成立了社会组织服务中心或孵化基地，社会组织管理进一步规范，发展环境进一步优化，在提供公共服务、优化政府职能、丰富群众文化生活方面的生力军作用初步显现。

在社区治理和体制改革方面，制定了《关于规范和精简社区工作的通知》等 3 项政策文件，明确社区居委会依法自治履职事项清单，促进社区居委会职能归位，受到民政部的高度重视，纳入了民政部深入调研和推广工作中。大力开展社区管理体制机制创新，包头市青山区和二连浩特市被评选为全国社区治理和服务创新实验区；赤峰市阿鲁科尔沁旗村级事务契约化管理、通辽市开鲁县嘎查村务"532"管理模式经验得到充分推广。农村牧区社区建设试点有效推进，创建农村牧区社区建设试点400多个，社区治理和基层民主建设水平显著提升。

在社会事务方面，制定了《关于发挥党员干部带头作用，全面深化殡葬改革的实施意见》等4项政策文件，在鄂尔多斯市、赤峰市、乌兰察布市开展未成年人社会保护试点，加强婚姻标准化建设，进一步健全了婚姻登记管理制度，殡葬改革取得重大突破，流浪救助管理创新发展，社会事务管理改革取得新进展。

在双拥优抚安置方面，制定了《退役士兵职业教育和技能培训实施方案》等2项政策文件，开展"双拥领导走边防"、"双拥社区建设"活动，在赤峰市、呼伦贝尔市和包头市探索实行光荣院和社会办养老机构双向服务管理模式，建立优抚对象联络员制度，将重点优抚对象住房优先纳入农村互助养老幸福院，把"开放教育进军营计划"和"免费中等职业教育"两项教育培训工作有机结合起来，实现了退役士兵教育培训全覆盖。双拥优抚安置工作的内容进一步丰富和拓展，优抚安置工作水平迈上了新台阶。

二、内蒙古自治区民政事业发展中面临的问题

（一）内蒙古自治区社会救助制度发展面临的问题

"十二五"时期，诸多困难群体因享受相应的社会救助制度，摆脱了生存危机，缓解了生活困难。社会救助制度在这一方面取得了巨大的成就，但现行社会救助制度在实践中仍然存在着缺陷，其主要表现在以下几个方面：

1. 社会救助制度处于分割状态

一是城乡社会救助制度处于分割状态。因户籍制度的改革未到位，导致社会救助制度长期处于城乡分割格局，这不利于缩小城乡差距。二是社会救助制度仍处于地区分割状态。现阶段内蒙古自治区社会救助制度仍以旗县为责任单位，各地区社会救助水平既取决于困难群体规模，更取决于地方财政的能力，因此导致各地区贫困群体的受助条件不公平。三是社会救助制度仍处于部门分割状态。目前除了民政部分负责救助以外，还有教育部门、卫生部门、住建部门等部门直接参与社会救助工作。这些部门争取财政资金开展着各自的救助工作。这种在诸多部门分割的社会救助制度格局，导致政策分割与公共资源分割，影响了社会救助制度功能的有效发挥。

2. 社会救助方式单一，救助水平低下

目前，内蒙古自治区社会救助体系内的所有制度都是单一的现金和物质救助

方式,仍然是基本生活层面的救助。基本生活层面的社会救助是缓解贫困,实现社会"底线公平"的措施。但这种形式单一、关系单向的救助方式,不利于改善和提升被救助者的生活状况以及容易忽视贫困者能力的救助和培育。受助者只是被动、消极的接受者,置于"被救助"的位置,忽视了受救助者本人改变现状的内在主动性和积极性。

3. 社会救助资金需求压力逐年增大

随着社会救助内容体系扩展,救助资金需求压力逐年增大,尤其是医疗救助资金需求压力更大。一是资助参保参合的人数和标准逐年增加。近年来新农合的资助标准上涨速度快,2014年上涨到每人70元,部分地方2014年资助参保参合的资金占全年医疗救助总支出的将近1/3。二是各地城乡医疗救助全部取消了救助病种和起付线限制,救助比例、年度封顶线一再提高;按照国务院医改目标,在2014年的基础上,2015年重点救助对象在政策范围内住院救助比例将由60%提高到70%以上。三是地方财政投入有限。受经济发展的限制,内蒙古自治区各级财政对医疗救助投入增长幅度小,与贫困群众对医疗救助的需求相比,医疗救助资金缺口大。

4. 社会救助制度的运行目标不规范

目前,各项社会救助制度,在制度设计方面,仍然缺乏对救助者资产与财产性收入的审核核计制度;在程序上,仍然缺乏权威、有效的家计调查与有效的事后监督机制;在运行方面,仍然是非专业化的运行方式。这些运行制度缺乏规范性,导致社会救助制度与公平、有效、规范化还有一定的距离。

(二) 内蒙古自治区社会福利制度发展面临的问题

近年来,树立了社会福利由补缺型向适度普惠型转变的社会福利制度的理念,建立了以就业保障、生活保障、养老福利、医疗福利、教育福利和住房福利等制度为主要内容的新型社会福利体系框架,提高社会福祉水平,让城乡居民普遍享受到内蒙古自治区经济社会改革发展的成果。

社会福利发展的一般规律表明,传统补缺型福利向适度普惠型福利转变是历史发展的必然趋势。但是,当前推进适度普惠型社会福利制度体系建设仍然面临着以下困难和问题:

1. 社会福利的法制建设滞后,制度化程度较低

我国关于社会福利的法律主要是1991年颁布的《中华人民共和国未成年人保护法》、1996年颁布的《中华人民共和国老年人权益保护法》和2008年颁布的《中华人民共和国残疾人保障法》。除此之外就是各项政府政策和部门规章,并没有专门针对社会福利的法律。而上述三部法律都属于综合性法律,没有相应

的关于社会福利建设过程中具体问题的法律规定。

目前，内蒙古自治区社会福利制度方面的规范性文件主要有《内蒙古自治区社会福利机构管理暂行办法》、《内蒙古社会福利机构民办公助办法（试行）》等。但这些仅仅是社会福利的法规建设的起步，离法制化、规范化的实际需要还相差甚远，无法满足社会各方面力量申办社会福利机构的需求，难以真正全面调动社会力量兴办社会福利。立法的滞后，必然导致对社会化服务相互关系实际调整的乏力，不利于福利机构的健康发展。

2. 社会福利的供给严重不足，远远不能满足社会发展和群众的需要

随着经济发展和社会进步，特别是人口老龄化、家庭小型化、城镇化进程的加快，群众急剧增长的对社会福利服务的需求与现有的福利供给严重不足的矛盾日益加剧。政府对福利保障和福利服务的资源投入增加少、比重轻，社会福利事业单位数量少，且设施、设备普遍比较陈旧落后，服务水平较低。

2014年，内蒙古自治区社会福利资金为1.9亿元，只占民政事业总资金的2.28%。财政资金的投入严重不足，在一定的程度上，导致福利机构举步维艰。目前，内蒙古自治区社会福利服务需求在不断增长，收养人员在不断增多，使福利机构运营成本大幅增加。但财政仍然按核定人头经费和生活费的方式进行拨款，没有考虑人员增加、物价上涨等因素。

社会办养老机构床位数占总床位数的比重仅有20%，与全国社会办养老机构床位数占总床位数的60%相比差距较大。这说明，内蒙古自治区现有的社会福利事业仍然严重滞后于社会和经济的发展水平。要完成国发〔2013〕35号文件确定的到2020年每千名老年人拥有35~240张养老床位的目标，今后6年内蒙古自治区需新增养老床位20万~26万张，年均需增长社会办养老床位2万张以上，建设任务十分繁重。

3. "政事不分"，导致管理体制混乱

目前，福利机构仍然是民政部门的一个组成部分，形成政府既制定规划、政策，又提供具体服务的现象。服务机构作为政府的一部分，又只能开展政府指定的服务，不能灵活地应对社会的服务需求。由于占主体的公办福利事业单位与政府仍然保持领导与被领导的关系，因而政府对其采取了包揽、包办、包管的管理体制，使得本来就很有限的资源未能得到充分利用。

4. 专业化社会工作者队伍和志愿者队伍亟待建设

从社会福利服务工作的岗位职责和专业技能要求来看，现有的服务队伍还远不能适应社会工作发展的客观要求，专业水平较低，专业技术人员、专业社会工作者和管理人员严重缺乏。从民政部门来讲，尚未有相应的培训、认证机制，对福利机构从业人员无法设置准入标准、上岗培训，导致其业务素质不高。此外，

内蒙古自治区社会福利志愿者队伍还处于自发和起步阶段，不但人数少，而且缺乏相关服务技能和组织，在绝大多数地方志愿者服务的制度化、经常化、规范化还很欠缺。

（三）内蒙古自治区自然灾害救济制度发展面临的问题

自然灾害是公共安全的大敌，威胁着人们正常的生产生活和社会和谐稳定的发展。近年来，随着内蒙古自治区自然资源的过度开发利用，城乡经济建设迅猛发展，自然灾害出现的频率、规模及其造成的损失也不断地增加。因此，自然灾害的救助成为各级政府关注的一项重要工作，各级政府也非常重视自然灾害救助制度的建设。但自然灾害救助制度仍然存在一系列问题，要体现在以下几个方面：

1. 缺乏统一的自然灾害救助体系

自然灾害的社会救助是一项复杂的系统工程。目前主要由民政部门主导。但仍然存在救助和管理被不同的部门所分割，而且自成体系，在救助过程中产生职能交叉、分散、缺位，难以做到信息共享，这不仅增加了行政成本，还增加了沟通协调的难度。

2. 救灾专项资金的使用与分配不规范

救灾资金是用来解决灾民生活困难和生产发展的专项资金，有效、合理地使用和分配救灾专项资金，可以最大限度地对灾民实施有效救助。但从信访和"再监督"反馈的情况来看，仍然存在资金平均分配，"优亲厚友"、"撒胡椒面"方式分配救灾资金等问题。同时，还存在将特大自然灾害补助资金与一般生活困难救助金混淆，用于农村牧区的社会救助的现象。这些不规范的行为，导致救灾资金精细化管理不到位，救灾资金的指向作用不显著，效用差。

3. 减灾救灾综合能力比较薄弱的问题

自然灾害风险点认定标准不一、排查不全，灾害监测预警网络和发布机制不完善，灾害风险综合调查评估机制尚未建立，各类专业救援队伍和志愿者队伍的技能较差；交通、通信、电力、医疗应急保障能力脆弱，救灾物资储备难以应对大灾的要求；基层救灾队伍不足、经费缺乏、装备落后的问题十分突出。

4. 政府及民众防灾意识不强，防灾减灾教育欠缺

由于灾害及其防御和救助知识在社会上的普及率低，民众对灾害的提前防御意识也比较薄弱，主动有效防灾的行为不多。防灾抗灾知识的欠缺限制了政府和民众对灾害的心理承受力和应变力及救灾技能，从而影响到整个灾害防御和救助的效果。灾害现场最好、最有效的救助是自助，但这种救助是和平时的培训、平时的演练，包括预案、法规演练以及装备操练等灾害预防和管理能力建设紧密相

关的，而这些恰恰被长期忽略。

5. 缺乏应对巨灾的风险分担机制

近几年，在内蒙古自治区一些地区巨型自然灾害呈现不断上升趋势，但内蒙古自治区巨灾风险防范体系与机制却很不完善。一是巨灾保险制度还不完善，各保险公司受偿付能力的限制，分别对地震等巨灾风险采取了停保或严格限制规模、有限制承保的政策以规避经营风险；二是保险业在巨灾救助体系中的作用还十分有限，无论是与发达国家保险市场相比，还是与其他救助力量相比，都存在着较大差距；三是受技术与服务能力等的限制，保险业还远远不能满足社会巨灾风险处理的需要。

三、内蒙古自治区民政事业发展机制的优化路径

（一）优化社会救助的制度体系

优化体系对于体系系统效能的较好发挥具有重要影响。社会保障是以制度化的方式去帮助人们抵御各种风险、满足人们各个方面需求的公共行政体系[①]。社会救助体系是社会保障体系的重要子体系，是社会保障体系的"第一道防线"。社会救助的基本目标是解决困难家庭的各种基本需要。因此，提高优化社会救助的制度体系，实现社会救助体系的完善、管理协调，形成体系合力，提升其体系效能，才能有效保障困难群体的应有权益。

1. 优化社会救助的理念体系

制度高于技术，理念引导制度。社会救助体系优化的前提是必须优化引导其具体制度安排的理念体系，更好地保障困难群体享受应有的社会权利和合法权益。为此，必须逐步清理制度设计和制度执行中的"财力导向"理念，践行"权利导向"理念[②]。同时，应树立社会救助制度作为调节收入分配手段的理念。

2. 整合相关社会救助制度

制度整合的目标是根据需要安排项目，提高社会救助的效率和效果。整合社会救助制度，可借鉴中国香港地区的综援制度。香港的综援制度是一个制度多个项目，政府财政的公共资源由统一的口径出去，是一种既公平又有效率的制度安排。为此，整合相关社会就职制度：一是根据需要统筹安排社会救助项目；二是提高社会救助项目的综合性，减少不必要的救助项目，如将五保户供养（集中或分散供养）整合到农村牧区最低生活保障之内，让五保户供养制度退出历史舞

---

① 关信平. 论我国社会救助未来发展中的制度定位和制度协调 [M]. 北京：人民出版社，2012.
② 张兴杰等. 残疾人社会救助体系优化论 [J]. 社会保障制度，2013（3）.

台；三是建立统一的管理体制。

3. **改革单一补救型方式，建立多元发展型方式**

在社会转型时期，社会各种问题和社会矛盾日益凸显，人们在救助实践中逐渐认识到，仅仅靠单一物质救助，并不能从根本上解决贫困，更不能提升被救助者的能力。因此，必须把单一物质救助发展成为多元化的多元救助，如实施精神救助、能力救助、服务救助、权利救助等新型的非物质救助类型。这种救助方式能够充分体现"以人为本"、"助人自助"的基本理念，能够帮助受助者树立克服困难的信心、能够提升被救助者的能力，促使社会弱势群体自我发展。

4. **推进社会救助制度城乡一体化进程**

阻碍社会救助制度城乡统筹的重要障碍是城乡分割的户籍制度和财政投入体制。为此，社会救助制度的城乡统筹需要在救助标准、待遇差距和管理机制统一问题角度实现社会救助制度的城乡统筹。同时，需要改进财政投入机制，提高责任层次。目前，应进一步加大中央财政的转移支付力度，减轻地方财政的压力，平衡地方投入能力。在减轻地方政府财政投入负担的同时，必须提升社会救助的责任层次，由旗县级财政责任提升到盟市级政府的财政责任，再提升到内蒙古自治区级政府的财政责任。这样不仅实现了更高级次的救助公平，也减轻了旗县级政府的财政压力，缓解经济欠发达地区财政实力薄弱而无力救助的困境，缩小城乡社会救助待遇差距，提高社会救助制度的公平公正性。

5. **建立与物价水平、生活成本相关联的待遇确定机制和动态调整机制**

目前，内蒙古自治区的贫困线标准比最低生活保障线低，享受最低生活保障待遇的群体比贫困人群还要多，这是不符合常理的事情。因此，必须提高贫困线，同时最低生活保障标准也应随物价水平、生活成本的变动动态调整。但不能盲目地跟着物价的上涨而上涨，而是应根据地方社会经济发展水平，在一定时期内定期调整。因此，社会救助制度的保障水平必须要与时俱进。

6. **建立专业化的经办机构**

建立专业化经办机构是社会救助制度发展的必然要求。取消或改变村嘎查基层代办的局面，建立直属于民政部门的统一的经办机构，并配备专职化和专业化的工作人员。在基层建立统一经办机构，可以有效规避社会救助制度滞后和扭曲等弊端，进而拓展社会救助服务的内涵，完善社会救助体系，提高社会救助制度的运行效率和社会效益。

（二）优化社会福利制度体系

社会福利是通过提供服务、设施和社会津贴来保障社会成员的基本生活水平和提高社会成员的生活质量。社会福利在制度层面上只是整个社会保障体系中一个重要子系统（郑功成，2011）。整合社会福利制度内容与完善社会福利制度体系将是内蒙古自治区社会福利制度未来发展的必然选择。

1. 确立国民福利的理念

中国社会福利是"小福利"概念。小福利以特殊人群的特定福利需求为限度。虽然中国社会福利制度一直在小福利概念下发展，但是民政事业发展"十二五"规划纲要提出"适度发展普惠型社会福利的目标"。民政事业发展"十二五"规划纲要中明确指出以扶老、助残、救孤、济困为重点，推动社会福利由补缺型向适度普惠型转变，逐步提高国民福利水平。"普惠"是要建立一种全体国民均能享受的福利模式；"适度"是指中国社会福利的建设具有阶段性。社会福利模式的转变，意味着中国社会福利制度正开始逐步突破小福利概念，逐渐扩展社会福利的内涵。为此，应尽快确立国民福利的理念。理念的转型，使社会福利制度从保护和救助特定群体这样一种局限性制度向保障全民权利的制度转变。

2. 转变政府职能，实行"政事分开"

各级民政部门要按照"政事分离"的总体要求，对共有福利机构实行简政放权、自主经营，积极稳妥地推进福利机构实行多种形式的改制改组，包括采取"公办民营"、"民办公助"方式。发展社会福利事业是政府的职责。在推进社会福利社会化的过程中，政府的主要任务是制定规划、研究政策、完善法规、推广典型、增加投入。政府要通过倡导、组织、支持和必要的资助，动员、引导和帮助社会力量捐助或兴办社会福利事业。为此，政府必须加强宏观管理。政府应当将一些社会能够承担的社会福利、服务事业和项目交由社会承担，大胆、彻底地从具体事务中退出来。政府宏观管理、中介组织承办、各类福利机构自主经营的管理体系是推进社会福利社会化的一种重要管理办法。目前，在社会福利事业的管理体系中，政府的主要任务是制定社会福利事业的发展规划、制定出台政策、参与筹措并分配资源、提供示范性服务以及评估、监督和管理社会福利事业单位。

3. 建立基本社会福利服务均等化机制

社会福利服务是社会福利制度中最重要的部分，需要庞大的实施体制来提供。目前中国社会福利服务实施体制所依据的是《中华人民共和国老年人权益保障法》、《中华人民共和国残疾人保障法》、《中华人民共和国义务教育法》等相关分散、交叉的法律法规。这些法律法规是中国社会福利各项措施体系化、制度化的象征。其核心是规定了政府在社会福利服务中的责任范围和实现方式，最显著的特征是将各种社会福利服务定义为政府提供的公共福利。因此，提供者单一化，即各级政府，其主要采取的是"限定性行政措施"。这种以"行政措施"为特征的社会福利服务实施体制，无法满足日益增长的社会福利服务需求，同时也无法保证和提高服务的质量。为此,必须进行"社会福利制度基础构造改革",通过整合各相关法律法规,构建一个综合的、相互联系又分工明确的法律体系,保障各项权益。

就内蒙古自治区而言,由于城乡经济社会发展的非均衡性、户籍制度的障碍、财政体制的不完善等原因,城市和农村牧区之间的社会福利服务供给有明显的落差,城乡社会福利服务的不均等与社会经济的城乡一体化发展相矛盾。因此,更需要出台《地方社会福利暂行办法》,同时需要建立和完善财政投入机制。应调整财政支出结构,进一步加大城乡社会福利服务的财政投入。尤其是要在合理划分财权和事权的基础上,通过合理的财政转移支付机制,加大农村牧区社会福利服务体系建设。

4. 建立健全专业社会工作者队伍建设体系

专业社会工作人员匮乏不仅是非营利组织发展的"瓶颈",而且是公办社会福利机构的一个棘手问题。随着社会福利社会化的推进,加紧专业化和职业化的社会工作队伍建设,建立完善的社会工作职业制度体系,已成为社会福利部门和社会工作机构的共识和当务之急,也为专业社会工作者介入社会福利工作提供了途径。一是大力发展社会工作教育事业,培养一支富有社会工作价值观的,掌握现代社会工作理论、知识、方法和技巧的专业人才队伍。当前以及未来的几年中,除了抓好非学历教育的专业培训外,还应继续积极地发展本科、专科教育以及社会工作硕士生(MSW)和社会工作博士生(DSW、PHD)的培养工作。二是要在政府的指导下,依靠社会中介组织,采取有效措施进一步加强社会养老服务机构从业人员的培训工作,有计划、有步骤地分批分期对在岗的各级社会福利工作人员及管理者进行系统的培训,努力提高他们的专业能力和专业水平,逐步推行从业人员上岗培训制度。

(三)优化自然灾害救济制度体系

内蒙古自治区是自然灾害频发的地区之一,由于幅员广阔,各地发生自然灾害的情况也不尽一致。目前,在各地区、各部门、各行业的共同努力下,防灾减灾能力明显提高,自然灾害救助逐渐走上了政府管理与市场运作相结合的道路,明确了生产自救、群众互助的方式,自然灾害救助事业日趋成熟,管理部门的设置更加科学,社会成员的参与更加广泛,救助水平也逐步提高。但仍存在自然灾害救助体系不够完善,灾害承受和管理能力建设滞后等问题,因此需要进一步加强制度建设。

1. 构建灾害救助主体多元化的灾害保障体系

目前应加快灾害救助体系的改革,建立一种以政府救灾、商业性灾害保险为主要力量,以灾害社会援助和自我积累保障为辅助力量的多种灾害保障方式并存的灾害保障新体系。新灾害救助体系应强调灾害保障主体的多元化,政府、企业和营利性事业单位、居民个人(家庭)、社会援助单位等都应作为灾害保障主体;强调灾害保障方式的多样化,包括灾害政府救济、灾害商业性保险、灾害社会援助与自我积累保障等灾害保障方式。

2. 强化灾害承受和管理能力的建设

当下,我国在防范自然灾害方面的法律有1998年颁布的《中华人民共和国防震减灾法》(2008年对《中华人民共和国防震减灾法》进行了修订),2005年5月国务院颁布的《国家自然灾害救助应急预案》,2007年颁布的《中华人民共和国突发事件应对法》等法律法规。但是,在灾害救助方面尚缺乏完善的法律体系,因此,应尽快制定《灾害对策基本法》及《自然灾害救助法》,并在此基础上针对不同类型灾害和灾害的不同阶段,制定更加详细的灾害预防、应急和灾后重建的法律法规[①]。

目前,虽然内蒙古自治区的灾害应急预案编制已基本完成。但是在今后必须强化对灾害承受和管理的能力建设。一是进一步强化防灾规划的体系健全以及灾害应急预案的针对性和可操作性;二是明确各部门职责,完善灾害综合管理的组织架构,在灾害频频的趋势下,理顺制度,建立一个基于法治基础之上的、权责明晰的专门负责机构;三是加强对灾害的预防、信息收集、管理与整合工作。

3. 建立健全巨灾的风险转移机制

成熟的巨灾保障机制应分为三个层次:政府的基础应急机制、保险行业的补偿机制与慈善等民间救助。因此,应该以政府应急为先,商业保险补偿为辅,民间救助为补充。现阶段,内蒙古自治区必须建立健全巨灾保险制度,才能够建立起巨灾保险的长效机制,从而最大限度地减小巨灾风险对社会经济生活的冲击。

(四) 内蒙古自治区民政其他相关配套措施的完善

1. 协调推动有利于社会组织健康发展和作用发挥的社会组织登记管理体制改革

推进社会组织登记管理体制改革,加快基层社会组织发展,大力支持社会组织发挥服务社会的作用。稳步推进社会组织直接登记工作,按照国务院即将出台的行业协会改革试点意见积极开展行业协会直接登记工作。要依托城乡社区,依据群众需求,简化备案登记手续,大力发展基层服务性、公益性、互助性社会组织。

---

① 郭剑平. 从汶川地震看我国自然灾害救助体系的健全 [EB/OL]. http://www.IoLaw.org.cn/,2015-10-03.

要加快出台政府购买社会组织服务的政策文件,既推动政府向社会组织转移职能又提高社会组织承接能力,发挥社会组织在改善公共服务提供方式中的作用。开展民办非企业单位塑造品牌与服务社会活动,促进民办社会事业健康发展。发展枢纽型、联合性社会组织,利用社会组织管理和服务社会组织。同时,要大力推进社会组织分类评估。完善社会组织信息公开制度和失信惩罚机制,加强对网络社团和在境内活动的境外非政府组织监管,依法查处社会组织违法行为,坚决取缔非法社会组织。

2. 加快发展以养老服务为主的适度普惠型社会福利事业

民政系统要着重推进城乡社区治理,完善基层民主制度,发展社区服务,增强城乡社区自治和服务功能。推动修订城市居委会组织法,完善村委会选举规程,依法开展村(居)委员会换届选举。促进基层群众自治组织更好地行使自治职能,开展基层民主协商,规范村(居)民议事活动,提高基层民主决策和民主管理水平,完善居民民主评议规则,强化基层民主监督。鼓励成立慈善领域行业性组织,制定慈善超市建设和运营社会化的政策,继续推进公益慈善载体创新。

第二章

内蒙古自治区社会保险事业发展态势

随着内蒙古自治区现代社会保险体系框架的构建，社会保险制度发展取得了积极成效。2014年，社会保险制度覆盖范围不断扩大，保障水平持续提高，基金规模不断增加，为保障城乡居民基本生活、推进经济发展、促进社会和谐发挥了巨大作用。然而，当前内蒙古自治区在社会保险制度发展方面仍然面临诸多棘手问题。为此，应按照党的十八大提出的"全覆盖、保基本、多层次、可持续"的方针，增强内蒙古自治区社会保险制度的公平性、流动性，实现社会保险体系可持续发展目标。

一、内蒙古自治区社会保险事业发展现状

社会保险是一个庞大的制度体系,包括基本养老保险、基本医疗保险、失业保险、工伤保险、生育保险等诸多领域。目前,随着内蒙古自治区社会保险制度的发展改革,内蒙古自治区基本养老保险和医疗保险基本实现了城乡居民全覆盖,失业、工伤、生育基本实现了职业群体全覆盖。同时,各项社会保险制度的保障水平稳步提高,使城乡居民分享了内蒙古自治区社会经济发展成果。

(一)社会保险参保人数不断增加

1. 内蒙古自治区城乡基本养老保险参保人数大幅增加

近几年,随着内蒙古自治区推进城乡公共服务均等化,覆盖城镇职工和城乡居民的养老保险体系基本形成,基本养老保险实现制度全覆盖,参保人数大幅度增加。

如表2-1所示,2014年,内蒙古自治区城镇企业职工基本养老保险参保人数达524.9万人,比2013年增加了28.4万人。在城镇企业职工基本养老保险参保人数的构成中,在职职工所占比例有所下降,离退休人员所占比例有所提高。这说明,尽管参保职工增加,但退休职工增加的幅度大于参保职工。

2014年,内蒙古自治区城乡居民社会养老保险参保人数为761.9万人,比2012年增加了5.8万人。

表2-1 2011~2014年内蒙古自治区基本养老保险参保构成情况

单位:万人

年份	在职职工		离退休人员		城乡居民社会养老保险参保人
	人数	占比(%)	人数	占比(%)	
2011	315.7	70.0	136.6	30.0	—
2012	319.0	68.0	153.0	32.0	756.1
2013	323.8	65.0	172.7	35.0	780.3
2014	336.2	64.0	188.7	36.0	761.9

数据来源:根据《中国统计年鉴》(2012~2014)计算整理得出,2014年数据来源于《内蒙古自治区2014年国民经济与社会发展统计公报》。

2. 基本医疗保险参保人数不断增加

2014年参加城镇基本医疗保险的人数为998.1万人,比2013年增加了11.9万人,其中470.7万人参加职工基本医疗保险,527.4万人参加居民基本医疗保险。

如表2-2所示，2014年新农合参合人数为1289.3万人，参合率高达97%，参合人数中有76%的居民获得新农合报销补偿，资金利用率较高。

表2-2　2011~2014年内蒙古自治区新农合参保情况

单位：万人

年份	参合人数	补偿受益人数	补偿人数占比（%）
2011	1240.2	835	67
2012	1233.6	823.1	67
2013	1261.5	958.7	76
2014	1289.3	980	76

数据来源：根据《中国统计年鉴》（2014）计算整理得出，2014年数据由《内蒙古自治区2014年国民经济与社会发展统计公报》相关数据计算得出。

3. 工伤、失业及生育保险参保人数增加

如表2-3所示，2014年工伤保险参保人数为289.6万人，比2013年增加了12.2万人；2011~2014年参保人数年均增长率为9.2%；在2013年的277.4万参保者中，有2.2万人享受工伤保险待遇，占参保人数的0.8%。

参加失业保险的人数为236.3万人，比2013年增加了2.9万人，而2011~2014年参保人数年均递增9500人左右；2013年在233.4万参保者中，领取失业保险金的人数为2.3万人，占参保人数的1%。

生育保险参保人数从2012年的274.8万人增至2014年的293.8万人，增加了19万人，年均增长率为3.7%。

表2-3　2011~2014年内蒙古自治区工伤保险参保人数

单位：万人

年份	工伤保险	失业保险	生育保险
2011	225.3	232.5	263.3
2012	248.8	232.8	274.8
2013	277.4	233.4	285.0
2014	289.6	236.3	293.8

数据来源：《内蒙古自治区人力资源和社会保障事业发展统计公报》（2011~2013）；2014年数据来源于《内蒙古自治区2014年国民经济与社会发展统计公报》。

（二）社会保险基金收支总规模逐步扩大

如表2-4所示，2013年内蒙古自治区五项社会保险基金收入合计603.0亿元，比2012年增加81.2亿元，增长率为16%。基金支出合计515.5亿元，比

2012年增加94.0亿元,增长率为22.3%。年末基金累计结存669.7亿元。比2012年增加86.8亿元,增长率为14.9%。

1. 城镇职工及城乡居民基本养老保险基金收支总规模扩大

2013年,内蒙古自治区城镇职工基本养老保险基金收支总规模继续扩大,达到872.7亿元,其中基金收入461.4亿元,基金支出411.3亿元,收支总规模比2012年增加123.3亿元,增长了16.5%;2011~2013年,支出平均增长速度(24.7%)快于收入平均增长速度(21.3%)。城乡居民基本养老保险基金收支总规模达到63.7亿元,比2012年增加10.9亿元,增长了20.6%;基金支出增速快于收入增速。

2. 城镇职工及居民基本医疗保险基金、新农合基金收支总规模扩大

2013年,职工基本医疗保险基金收支总规模达到247.2亿元,比2012年增加41.8亿元,增长了20.4%;城镇居民基本医疗保险基金收支总规模达到31.9亿元,增长5.2亿元,增长了19.5%;新农合筹资总额达47.2亿元,基金使用率高达96.9%。

3. 失业、工伤及生育保险基金收支总规模扩大

2013年,内蒙古自治区失业保险基金收支总规模达30.6亿元,基金收入增长速度远高于支出增长速度,且累计结余增长迅速。工伤保险基金收支总规模达20.4亿元,其中支出7.8亿元,比2012年增加2亿元,增长了34.5%,比基金收入增幅高31.2%。生育保险基金收支总规模达10.6亿元,呈现基金支出速度快于收入增长速度的特征。

表2-4 2011~2013年内蒙古自治区社会保险基金收支情况

单位:亿元

社会保险基金	2011年			2012年			2013年		
	收入	支出	累计结余	收入	支出	累计结余	收入	支出	累计结余
城镇职工基本养老保险	355.4 (33%)	269.6 (27%)	343.7 (33%)	405.8 (14%)	343.6 (27%)	405.9 (18%)	461.4 (17%)	411.3 (20%)	456.0 (12%)
城乡居民基本养老保险	—	—	—	33.1	19.7	38.1	44.0 (33%)	19.7 (39%)	58.1 (53%)
职工基本医疗保险	89.1 (20%)	77.0 (32%)	92.3 (15%)	110.5 (24%)	94.9 (23%)	108.5 (18%)	132.8 (20%)	114.4 (21%)	126.9 (17%)
城镇居民基本医疗保险	10.6 (49%)	8.4 (53%)	9.6 (30%)	15.4 (45%)	11.3 (35%)	13.6 (42%)	17.6 (17%)	14.3 (10%)	17.0 (25%)
新型农村合作医疗	30.6	25.7	4.9	38	35.7	2.4	47.2	45.8	1.5

续表

社会保险基金	2011年			2012年			2013年		
	收入	支出	累计结余	收入	支出	累计结余	收入	支出	累计结余
失业保险	15.0 (29%)	5.8 (23%)	37.9 (32%)	19.7 (31%)	4.5 (-22%)	53.1 (40%)	24.3 (23%)	6.3 (40%)	71.1 (34%)
工伤保险	10.6 (96%)	4.4 (52%)	13.9 (10%)	12.2 (15%)	5.8 (32%)	20.4 (47%)	12.6 (3.3%)	7.8 (34%)	25.1 (23%)
生育保险	3.8 (41%)	2.1 (40%)	5.7 (42%)	5.2 (37%)	3.5 (67%)	7.5 (32%)	6.3 (21%)	4.3 (23%)	9.5 (27%)

数据来源：根据《中国统计年鉴》（2014）计算整理得出。

（三）社会保险制度的保障水平稳步提高

1. 基本养老保险制度的保障水平稳步提高

如表2-5所示，企业退休人员养老金逐年递增，2013年人均养老金为1840元/月，比2011年增加了290元。城乡居民养老金从2012年的108元/月提高到2013年的153元/月。城镇职工养老金增幅大于城乡居民。

表2-5　2011~2013年内蒙古自治区养老保险待遇情况

单位：元/月

年份	职工基本养老保险		居民基本养老保险	
	养老金人均增额	人均养老金	养老金人均增额	人均养老金
2011	145	1550	—	—
2012	180	1730	—	108
2013	177	1840	45	153

数据来源：《内蒙古自治区人力资源和社会保障事业发展统计公报》（2011~2013）。

2. 基本医疗保险制度的支付限额及报销比例逐年提高

如表2-6所示，基本医疗保险报销比例保持稳定，支付限额随着社会平均工资及居民可支配收入的增加而提高。12个盟市的城镇职工和居民基本医疗保险支付限额全部提高到当地社会平均工资和居民可支配收入的6倍以上，新农合支付限额提高至10万元。城镇职工参保人员住院医疗费用政策范围内统筹基金报销比例达83%，在医疗保险子项目中排第一，城镇居民基本医疗保险及新农合的报销比例同为71%。同时，医疗保险基本药品目录范围不断扩大，2014年将 8 种恶性肿瘤靶向药纳入医疗保险支付范围。

表 2-6　2011~2013 年内蒙古自治区医疗保险待遇情况

医疗保险项目		2011 年	2012 年	2013 年
城镇职工基本医保	报销比例	84.2%	84.2%	83.0%
	支付限额	当地社会平均工资的 6 倍以上	当地社会平均工资的 6 倍以上	当地社会平均工资的 6 倍以上
城镇居民基本医保	报销比例	70.9%	70.9%	71%
	支付限额	当地居民可支配收入的 6 倍以上	当地居民可支配收入的 6 倍以上	当地居民可支配收入的 6 倍以上
新农合	报销比例	70%	70.9%	71%
	支付限额	5 万元	人均纯收入的 8 倍	10 万元

数据来源：《内蒙古自治区人力资源和社会保障事业发展统计公报》（2011~2013）。

3. 失业保险制度的保障水平和工伤保险待遇大幅度提高

如表 2-7 所示，2013 年内蒙古自治区城镇企业职工失业保险金月保障标准增至人均 915.7 元，年均递增近 50 元，呈小幅增加态势。

2014 年，内蒙古自治区提高了工伤人员伤残津贴、生活护理费及供养亲属抚恤金的待遇标准，并建立了三项待遇随养老金增长适时调整的机制，更好地保障工伤人员及其供养亲属的基本生活。

表 2-7　2011~2013 年内蒙古自治区失业保险水平

单位：元/月

年份	失业保险金平均水平	人均增发额	失业保险金增长率
2011	819.9	10.0	—
2012	867.8	47.9	—
2013	915.7	47.9	5.5%

数据来源：《内蒙古自治区人力资源和社会保障事业发展统计公报》（2011~2013）。

4. 强化生育权益保障力度

2014 年，内蒙古自治区共有 1.36 万人次享受生育保险待遇，发放生育津贴 1.6 亿元，切实保障了女职工的生育权益。建立了居民生育保险制度，将妇女生育费用纳入城镇居民基本医疗保险支付范围，有 5202 人次享受待遇，这一举措保障有生育能力妇女的合法权益。

（四）财政对社会保险项目的补助水平提高

财政对城乡居民养老保险、城镇居民医疗保险以及新农合等三个社会保险项目进行缴费及待遇给付补贴，补贴力度逐年加大。2014 年财政对城居保参保者、新农合参合者补助额均为 320 元，比 2013 年增加 40 元。城乡居民养老保险的财政补助额在政策发布之初即以制度形式固定下来并逐年提高。缴费时，政府按照缴费档次的不同，给予 30~85 元/人·年的缴费补贴；对城乡低保户、重度残疾人、五保供养等缴费困难群体，按照 100 元的标准由财政为其代缴养老保险费；2014 年还提高了基础养老金发放标准，根据参保人年龄的不同，按照 65~100 元/人·月的标准给予补贴。

（五）社会保险信息化建设工程不断完善

2014 年，内蒙古自治区加快社会保障"一卡通"建设，加快社会保障卡发放进度，持卡人数达到 1012 万人；内蒙古自治区社会保障卡信息库累计入库 1960 万人，信息数据量达 5.6TB；内蒙古自治区还打造"12333 人力资源和社会保障咨询服务平台"，设置咨询席 100 余个，建立了"内蒙古 12333"手机客户端，统一开发了"内蒙古 12333"民生钱包；2013~2014 年内蒙古自治区开发了成熟、稳定、全覆盖的人力资源和社会保障信息系统，不仅完成了 1690 万参保人员、45.8 万法人单位的基本信息录入，还通过与公安、民政等部门的信息比对，清查出 24 万重复参保对象，注销了 13.1 万人的户籍。2014 年城乡居民养老保险信息子系统覆盖了 101 个试点旗县所辖的 1065 个苏木乡镇，系统启用率为 100%，参保入库人数达到 743 万人；启动了医疗保险区内异地就医直接结算管理平台、信息平台和结算平台建设工作，实现了区内即时结报，并积极部署异地医疗费的即时结报。

二、内蒙古自治区社会保险事业发展面临的问题

内蒙古自治区社会保险制度经过 20 多年改革和发展，覆盖面和基金规模不断扩大，实力持续增强，监管措施不断加强。但在发展过程中仍然存在社会保险制度不统一、基金增值保值渠道单一等一系列问题，导致社会保险制度在公平性、可持续性、流动性方面都存在一定的不足。

（一）社会保险制度的缴费率高

1. 社会保险缴费率较高，打击了缴费积极性

一定的缴费决定着一定的保障水平，过高过低都不合理。费率过低不足以解

除参保人的后顾之忧,缴费率过高打击缴费者积极性,造成真实缴费率的背离。缴费率过高会直接加重用人单位与参保人的负担并损害代际公平。

2014年,内蒙古自治区参保单位和职工的社会保险法定缴费率合计为41.6%,其中30.6%为用人单位缴费部分。在五险缴费基础上,把住房公积金缴费加上去之后,社会保险缴费比例会更高。

2. 社会保险缴费基数逐年上涨,导致社保缴费率居高不下

根据《中华人民共和国社会保险法》、《社会保险费征缴暂行条例》的规定,社会保险缴费以上一年度在岗职工社会平均工资的60%~300%为标准,月平均工资低于当地平均工资60%的按60%这个下限缴费;超过当地职工平均工资300%的,则按当地职工月平均工资的300%缴费;在此区间的则按实际工资额作为缴纳基数。

在社会保险缴费基数与职工平均工资的联动机制下,随着职工平均工资连年走高,社会保险缴费基数也必然会相应提升,但过于频繁的上调以及跨越式的涨幅,使得社保缴费基数的上调幅度已远远超出了职工平均工资的涨幅。缴费基数连年上调,导致社保缴费率居高不下,且在工资中占比过高。这不利于扩大参保缴费覆盖面。

(二)社会保险基金难以可持续发展

1. 社会保险基金难以实现长期平衡

从基金支付能力来看,2013年内蒙古自治区职工基本养老及医疗保险的"基金率"(2012年基金结余占当年基金支出的比例)仅为99%、95%,低于工伤、生育保险的260%、174%,这说明养老、医疗保险基金的支付能力不足一年;从人口年龄结构来看,2014年内蒙古自治区60岁以上老年人口占总人口的18%,达到450万人,老龄人口增加且老龄速度加快,再加上经济发展、物价水平提高,养老及医疗保险给付水平需要随之上升,对社会保险基金的财务收支平衡提出挑战。从基金收入能力来看,养老保险执行男60周岁、女50(或55)周岁退休的做法,与人均73岁的预期寿命不匹配,也缩短参保者尤其是女性参保者养老及医疗保险缴费时间,相当于减少了社会保险基金收入,社会保险基金难以维持长期收支平衡。

2. 社会保险基金投资渠道单一,保值增值压力大

截至2014年,保险基金投资范围严格限定于银行存款和购买国债,投资渠道偏窄,投资收益偏低,影响基金的支撑能力。以银行存款为例,2014年活期及一年期定存利率分别为0.35%、3.3%,居民消费价格总指数比2013年上涨1.6%,比2012年上涨5%,基金利息收益不能弥补通货膨胀的冲击。同时以一年期定存形式存入银行的仅是部分社会保险基金,其余均以活期存款形式存入银行,导致基金"缩水"更加严重,基金的保值增值迫在眉睫。

(三) 农（牧）民工社会保险参保率较低

2013年，内蒙古自治区共有237.64万农（牧）民工，占总人口的27.69%，其中20.24%的农（牧）民工选择外出打工，41.1%（98万人）出生于1980年之后，82.8%的农（牧）民工年龄在16~50岁，说明农（牧）民工群体流动性较大，年龄结构更加年轻化。数量庞大的农（牧）民工群体社会保险缺失，即使是新生代农（牧）民工参加社会保险的比例也比较低，根据2013年国家统计局内蒙古自治区调查总队对全区农（牧）民工监测调查的数据，单位或雇主为新生代农（牧）民工缴纳养老保险、工伤保险、医疗保险、失业保险和生育保险的比例分别为11.4%、14.6%、12.5%、8.9%和7.3%（分别比老一代高5.7%、3.7%、4.3%、4.9%、4.3%），较低的参保水平使农（牧）民工在遭遇养老、健康、失业、工伤、生育等冲击时有较多的后顾之忧。农（牧）民工参保率低的原因有以下几点：

1. 农（牧）民工缴费负担重

缴费负担重成为农（牧）民工参保率低的首要原因。2013年，内蒙古自治区农（牧）民工月平均工资仅为2878元。农（牧）民工个人工资收入、劳动报酬普遍较低下，如参加城镇职工基本养老保险和医疗保险以及其他保险，总缴费率要占工资总额的15%以上。这对于农（牧）民工来说负担非常重；过高的缴费负担，导致农（牧）民工往往选择不参保。除此以外，农（牧）民工对社会保险的认识不足，也导致不愿参加养老保险、医疗保险等。

2. 社会保险关系转移接续难

农（牧）民工就业流动性非常强，仅2013年内蒙古自治区全年农（牧）民工转移就业达319.69万人次。由于户籍制度和社会保险关系转移接续的政策实施过程中存在政策不落实或经办操作不顺畅的现象，导致诸多农（牧）民工在更换工作地点时选择了退保或未续保。

3. 相关法律法规不健全

2011年实施的《中华人民共和国社会保险法》对外出打工的农（牧）民工社会保险问题未作具体规定，内蒙古自治区也未出台系统性的法律法规保护农（牧）民工社会保险权益，使得农（牧）民工社会保险权益缺乏制度保障。

（四）社会保险在制度层面存在分割现象

部分社会保险子项目尚未实现城乡统筹发展，存在制度割裂问题，尤以医疗、养老保险制度为甚，这使城乡居民在缴费标准、统筹层次、管理部门、待遇水平、信息系统等方面存在差异，对参保人而言缺乏公平性，导致政府职能重叠交叉、投入重复浪费，参保人重复参保、财政重复补贴等问题，增加了制度的运行成本。建立城乡居民一体化的养老及医疗保险，实现公共服务均等化，将是必然的制度发展方向。

三、内蒙古自治区社会保险事业发展机制的优化路径

按照党的十八大提出的关于社会保险发展要坚持实行"全覆盖、保基本、多层次、可持续"的方针，并结合内蒙古自治区"8337"发展思路和"十个全覆盖"工程，增强社会保险制度的公平性、可持续性、流动性，继续扩大社会保险制度覆盖面，加大政府财政投入力度，提高社会保险制度运行质量，加快推进城乡一体化社会保险制度改革，促进内蒙古自治区社会保险制度实现更加公平、可持续健康发展。

（一）增加政府财政投入

建立可持续发展的社会保险体系，要不断优化政府的财政支出结构，增加政府在民生方面的支出，将资金投向最需要得到帮助的无力参保城乡低收入、无收入和生活困难的社会阶层。目前政府提供给城乡居民65元的基础养老金，作为吸引城乡居民参保的激励措施作用不可低估，但作为城乡居民的养老金则明显不足。因此，要更多地考虑城乡居民分化的现实，向生活困难的城乡居民倾斜，不断提高基础养老金数额，使城乡居民真正做到老有所养。

（二）适度降低社会保险缴费负担

用人单位和个人缴纳的社会保险费是社会保险资金的主要来源。目前，内蒙古自治区社会保险名义费率较高。在经济新常态下，这不利于社会保险扩大覆盖面，抑制了企业用人需求，影响劳动力市场的弹性和灵活性。因此，适度降低社会保险缴费率，可以为企业经营创业活动"松绑"、"减负"，激发微观经济活力，有利于企业的可持续发展。

（三）保证社会保险基金可持续发展

1. 拓宽社会保险筹资渠道

扩大社会保险制度覆盖面，实现应保尽保，目标应指向流动性较大的行业，如运输业、餐饮业、服务业、乡镇企业等，增加社会保险基金的来源；同时加强各项社会保险基金征缴，不断提高参保人数，确保应收尽收。

2. 增加社会保险基金保值增值渠道

针对目前社会保险基金特别是基本养老保险基金结余贬值的问题，应进一步

规范基本养老保险基金投资运营办法,建立市场化、多元化的投资运营机制,以实现基金增债保值。在目前我国资本市场不成熟、投资风险较大的情况下,应适度放开基本养老保险基金的投资领域和项目,选择优质项目进行投资。同时,在社会保险基金运营方面,坚持安全第一,强化内部监管,建立风险预防控制机制,确保基金安全性。

(四) 完善农(牧)民工社会保险制度

1. 立法先行

政府可出台专门的农(牧)民工社会保险法律法规,将目前有关农(牧)民工社会保险的相关内容修改、补充、完善,形成适应农(牧)民工就业特点的专门法律法规,使农(牧)民工社会保障时有法可依,以切实保障农(牧)民工的权益。

2. 针对农(牧)民工流动频繁的特征,构建健全的信息网络平台

将农(牧)民工的社会保险数据库由旗县一级逐步升级,旗县数据完善后向盟市一级社会保险数据库优化,逐步实现农(牧)民工社会保险数据库在自治区内共享和互通,并配套社会保险费和社会保险关系随人转移的政策目标,建立弹性较大的社会保险制度,实现城乡社会保险制度的无缝衔接,实现农(牧)民工城乡之间自由流动,促进城乡统筹社会保险制度的建立。

(五) 整合社会保险制度

鉴于目前内蒙古自治区社会保险子系统的割裂状况,应加强整合,建立城乡一体化的社会保险制度,促进城乡社会保险子系统的衔接。衔接时要考虑居民需求和承受能力的差别。不同人群的实际缴费水平存在差异,简单地统一待遇水平,不仅不能体现公平,反而会加剧社会保险制度的不公平性。在建立一体化城乡社会保险制度时,应遵守"缴费就低不就高,待遇就高不就低"的原则,制度、管理、信息系统要一体化,降低政府管理成本,提高管理效率,促进城乡一体化社会保险制度的公平与可持续发展。

专题报告

第三章

内蒙古自治区城乡最低生活保障制度运行态势

最低生活保障制度(以下简称"低保制度")是社会救助制度体系的核心,是完善中国社会救助制度体系的基点,也是贯彻落实内蒙古自治区"8337"发展思路的一项重点工作。近年来,内蒙古自治区最低生活保障制度取得了显著的成效,自治区的经济增长速度居全国前列,人均纯收入有了大幅提高,这保证了最低生活保障制度的财政来源。但是,地域性的天然差异、经济发展的区域失衡以及农牧区居民的绝对贫困等现实问题也给内蒙古自治区低保工作的推进和完善增加了难度。

一、内蒙古自治区城乡最低生活保障制度发展现状

(一) 最低生活保障制度的覆盖范围逐步扩大

1. 城市居民最低生活保障覆盖范围逐步扩大

内蒙古自治区城市居民最低生活保障制度自1997年建立后,覆盖的人数不断增加。如表3-1所示,城市居民最低生活保障覆盖人数在2012年达到最高的80.80万人,从2013年开始进行低保"退出"机制的完善,不符合要求的人员退出低保,城市低保人数、低保家庭户数都开始下降。到2014年,城市居民最低生活保障人数为70.27万人,户数为41.33万户。城市的生活困难群众基本实现应保尽保,有力地促进了社会和谐发展。

表3-1 2006~2014年内蒙古自治区城市居民最低生活保障人数

年份	城市居民最低生活保障人数(万人)	城市居民最低生活保障家庭数(万户)
2006	72.41	34.73
2007	80.07	38.96
2008	85.06	42.41
2009	87.47	44.90
2010	85.37	44.97
2011	84.81	45.00
2012	80.80	44.44
2013	78.37	44.59
2014	70.27	41.33

数据来源:内蒙古统计局(http://www.nmgtj.gov.cn/)。

2. 农村牧区居民最低生活保障覆盖范围逐步扩大

内蒙古自治区农村牧区居民最低生活保障制度2006年建立,之后相继颁布了《内蒙古自治区人民政府关于建立农村牧区最低生活保障制度的通知》、《内蒙古自治区农村牧区居民最低生活保障制度实施意见》等相关文件,就保障对象、保障范围、保障标准、申请和审批程序、资金来源和监督管理等给出了宏观指导意见。这些政策对扩大内蒙古自治区农村牧区居民最低生活保障制度的覆盖面起到了非常重要的促进作用。如表3-2所示,自2006年来,农村牧区低保覆盖人数和家庭户数都逐年递增,分别从42.75万人、24.74万户到2013年达到最

高的125.32万人、96.48万户。2014年都有所回落,分别达到122.06万人和95.16万户。

表3-2 2006~2014年内蒙古自治区农村牧区居民最低生活保障人数

年份	农村牧区居民最低生活保障人数(万人)	农村牧区居民最低生活保障家庭数(万户)
2006	42.75	24.74
2007	90.59	54.82
2008	113.87	75.79
2009	121.08	86.09
2010	115.57	83.36
2011	116.45	83.85
2012	123.51	91.78
2013	125.32	96.48
2014	122.06	95.16

数据来源:内蒙古统计局(http://www.nmgtj.gov.cn/)。

(二)最低生活保障制度的保障标准逐年提高

1. 最低生活保障制度的保障标准与人均GDP同方向增长

内蒙古自治区自建立最低生活保障制度以来,努力提高城乡低保标准,实现城乡低保标准与人均GDP同方向变化。如表3-3所示,2009~2014年,内蒙古自治区人均GDP不断增长,但名义增长率在2011年后开始下降,城市低保标准随着人均GDP同方向增长,但增长率在2010年达到最高后开始减小,增长率减缓。农村(牧区)低保标准与人均GDP同方向增长(2014年除外),但其增长率不及人均GDP增长率高。

表3-3 2009~2014年内蒙古自治区人均GDP及低保标准增长情况表

年份	人均GDP(元)	名义GDP增长率(%)	城市低保标准(元/月·人)	城市低保标准增长率(%)	农村低保标准(元/月·人)	农村低保标准增长率(%)
2009	39735	—	241.4	—	—	—
2010	47347	19.16	299.0	23.86	161.4	—
2011	57974	22.44	343.5	14.88	198.8	23.17
2012	63886	10.19	407.7	18.68	242.2	21.83
2013	67498	5.65	460.3	12.90	284.6	17.5
2014	71044	5.10	472.0	2.50	269.1	-5.4

数据来源:依据《内蒙古自治区2009~2014年国民经济和社会发展统计公报》计算整理得出。

2. 最低生活保障制度的平均保障标准不断提高

如表3-4所示，2009~2014年，内蒙古自治区城市低保标准从2009年的241.4元/人·月提高到2014年的472元/人·月，农村牧区低保标准从2010年的161.4元/人·月提高到2014年的269.1元/人·月。与全国平均最低生活保障标准对比，内蒙古自治区城市、农村牧区低保标准都明显高于全国的水平，城市低保标准的高出水平从2009年的13.6/人·月提高到2013年的87元/人·月，农村牧区低保标准2010年高于全国44.4/人·月，到2013年高出全国81.8元/人·月。

表3-4 2009~2013年内蒙古自治区城乡低保标准与全国对比情况表

单位：元/人·月

年份	平均最低生活保障标准					
	城市			农村牧区		
	内蒙古自治区	全国	高于全国	内蒙古自治区	全国	高于全国
2009	241.4	227.8	13.6	—	2433.9	—
2010	299.0	251.2	47.8	161.4	117.0	44.4
2011	343.5	287.6	55.9	198.8	143.2	55.6
2012	407.7	330.1	77.6	242.2	172.3	69.9
2013	460.3	373.3	87	284.6	202.8	81.8
2014	472	—	—	269.1	—	—

数据来源：依据《中国民政统计年鉴》(2014)整理计算得出，2014年数据来源于内蒙古自治区民政厅官方网站。

3. 最低生活保障制度的平均补助水平不断提高

在平均补助水平方面，内蒙古自治区也显著高于全国。如表3-5所示，城市最低生活保障平均补助水平2009年高于全国51.1元/人·月，到了2013年则高于全国标准103.3元/人·月。农村牧区最低生活保障平均补助水平2010年高于全国34元/人·月，2013年则高于全国标准69.8元/人·月。

表3-5 2009~2014年内蒙古自治区最低生活保障平均补助水平与全国的对比表

单位：元/人·月

年份	最低生活保障平均补助水平					
	城市			农村牧区		
	内蒙古自治区	全国	高于全国	内蒙古自治区	全国	高于全国
2009	223.1	172.0	51.1	—	116.1	—
2010	263.8	189.0	74.8	108.0	74.0	34

续表

年份	最低生活保障平均补助水平					
	城市			农村牧区		
	内蒙古自治区	全国	高于全国	内蒙古自治区	全国	高于全国
2011	325.4	240.3	85.1	152.2	106.1	46.1
2012	329.3	239.1	90.2	164.7	103.9	60.8
2013	367.5	264.2	103.3	185.9	116.1	69.8
2014	390.0	—	—	198	—	—

数据来源：依据《中国民政统计年鉴》(2014)整理计算得出，2014年数据来源于内蒙古自治区民政厅官方网站。

（三）最低生活保障制度的政府财政投入力度逐步加大

近年来，随着内蒙古自治区公共财政收入的不断增加，用于社会保障和就业的支出明显提高。如表3-6所示，财政用于社会保障和就业的支出绝对规模从2006年的113.6亿元提高到2012年的435.4亿元，年均增速为18.28%。其中，用于城市居民最低生活保障的财政支出的绝对规模由2006年的8.5亿元提高到2013年的39.3亿元，年均增速为21.06%，占财政用于社会保障和就业总支出的比例，2006年为7.50%，2011年最高达到9.16%；用于农村牧区最低生活保障的绝对规模从2006年的2.1亿元到增长到2013年的30.9亿元，年均增速为39.51%，占财政用于社会保障和就业总支出的比例从2006年的1.89%提高到2013年的6.29%，支出的增长速度远高于城市。

表3-6 2009~2013年内蒙古自治区最低生活保障支出占财政社会保障总支出的比例

年份	①财政用于社会保障和就业的支出（亿元）	②城市居民最低生活保障支出（亿元）	③农村牧区最低生活保障支出（亿元）	城市低保占社会保障和就业总支出的比例（%）②/①	农村牧区低保占社会保障和就业总支出的比例（%）③/①
2006	113.6	8.5	2.1	7.50	1.89
2007	152.0	11.5	3.1	7.61	2.04
2008	191.5	16.8	7.8	8.77	4.12
2009	274.9	23.2	12.4	8.47	4.53
2010	292.4	25.9	15.6	8.87	5.35
2011	363.9	33.3	21.1	9.16	5.82
2012	435.4	35.2	25.1	8.09	5.78
2013	491.0	39.3	30.9	8.02	6.29

数据来源：根据《中国财政年鉴》(2014)计算整理得出。

（四）最低生活保障制度的管理工作不断规范

1. 加快推进了家庭经济状况核对工作

目前，内蒙古自治区本级已经实现车辆、户籍、人社等业务信息与相关厅局即时比对。2014年末，内蒙古自治区100%盟市本级和80%的旗县（市、区）建立核对机制，对城市新救助申请家庭和已保家庭进行核对。现在开始探索开展农村牧区家庭经济状况核对工作。

2. 实施了动态的清退机制

开拓了应退尽退的渠道，及时清退不符合条件的人员，对应救助的人员及时给予政策救助，确保进退有序。2012年以来，在社会救助申请人"诚信认同"及授权的基础上，采取有效方式进行核对，查处不符合相关规定的问题数据7.22万条，有力地杜绝了通过隐瞒家庭收入和财产状况骗取低保救助金现象的发生。

3. 各项法律法规制度不断完善

内蒙古自治区政府、财政厅、民政厅等政府机构不断出台颁布法规，强化了法律制度的建设。2011年颁布了《内蒙古自治区城市居民最低生活保障制度实施细则》、《内蒙古自治区人民政府关于加快推进按标施保工作 进一步完善城乡居民最低生活保障制度的指导意见》；2012年颁布《内蒙古自治区财政厅关于加强城乡最低生活保障资金预算执行管理工作的通知》（内财社［2011］579号）、《内蒙古自治区人民政府办公厅关于印发自治区社会救助家庭经济状况核对办法的通知》（内政办发［2012］73号）；2014年3月，内蒙古自治区民政厅印发了《关于建立人户分离家庭城乡低保入户核查协作工作机制的通知》，进一步规范了人户分离申请核查机制，消除城乡低保工作盲点，做好城乡人户分离家庭低保救助工作。2014年4月民政厅印发了《内蒙古自治区最低生活保障工作绩效评价办法》，为全面、客观衡量各盟市最低生活保障工作的开展情况提供了政策依据。2014年11月制定出台了《城乡居民最低生活保障工作监督检查及责任追究办法》，为开展城乡低保工作监督检查和责任追究提供了制度保障。在盟市地方级政府方面，2014年9月颁布的《乌海市城市居民最低生活保障工作责任追究办法》，就低保工作部门职责、责任追究范围及方法进行了明确，为进一步加强全市社会救助工作规范化、制度化建设，促进低保工作公平、公正、廉洁高效，确保各级行政机关及其工作人员认真履行职责和正确行使权力提供了制度保障。2015年颁布的《巴彦淖尔市最低生活保障对象综合认定办法（试行）》，进一步规范城乡低保工作，提高低保对象认定的科学性和准确性。从内蒙古自治区级到盟市级，近几年颁布了一系列法律法规，为自治区低保工作的顺利、规范开展提供了法律依据。

二、内蒙古自治区城乡最低生活保障制度发展面临的问题

在经济社会发展的新常态下,面对人民群众日益增长的新期待、新要求,内蒙古自治区城乡最低生活保障制度发展仍然存在着诸多不适应、不到位、不平衡、不协调等方面的问题。

(一) 低保救助对象精准性分析:覆盖面较窄

《内蒙古自治区人民政府关于加快推进按标施保工作 进一步完善城乡居民最低生活保障制度的指导意见》(内政发〔2010〕127号)规定"持有当地常住户口的居民,凡共同生活的家庭成员人均收入低于当地低保标准,且家庭财产状况符合当地人民政府规定条件的,可以申请低保"。也就是说,具备当地户籍居民家庭只要能够证明人均收入低于当地最低生活保障线,可获得低保救助。户籍制度把非本地的居民排除在外,而家庭收入和财产认定的缺陷以及申请人的故意隐瞒使得低保救助对象发生偏差。例如,由于目前城市低保救助对象的非农业户籍限制,大量进城务工或失去土地的农民工,虽长期居住在城市,但由于没有城镇户籍,即便他们的生活达到了城市低保的救助标准,却不能获得低保救助。再有,由于家庭收入和财产的要求使得很多城市的"低保边缘户"无法享受到低保救助。所以,现在仍然有一部分贫困人员未纳入低保覆盖范围。

(二) 低保保障标准适度性分析:低保标准较低

1. 最低生活保障制度保障标准占城乡居民人均收入的比例偏低

如表3-7所示,2009~2014年内蒙古自治区城镇居民低保标准年均增速为11.84%,城镇居民家庭月人均可支配收入年均增速为10.18%,城镇低保标准增速略高于人均可支配收入增速,低保标准占人均可支配收入的比例在2012年达到最高值,比值为21.13%。城镇低保标准的增速略高于居民家庭人均可支配收入,随着可支配收入的增加而增加。

如表3-7所示,2009~2014年内蒙古自治区农村牧区最低生活保障标准年均增速为10.76%,农村牧区居民家庭人均收入年均增速为12.44%,农村牧区低保标准增速低于家庭人均收入增速,低保标准占居民人均纯收入的比率最高达39.73%。低保标准增速低于家庭人均收入增速,意味着低保标准没有起到保障生活的目标,未随家庭收入的提高而相应增加。所以,从最低生活保障标准与居民人均收入的比例来看,城市和农村牧区的低保标准都明显偏低,城市的低保标准相对于人均收入而言则更低,基本都在20%左右,保障力度明显不足。

表3-7 2009~2014年内蒙古自治区低保标准与居民人均收入对比情况表

年份	城市			农村牧区		
	平均低保标准（元/人·月）	居民家庭人均可支配收入（元/月）	低保标准与居民人均可支配收入的比率（%）	平均低保标准（元/人·月）	居民家庭人均纯收入（元/月）	低保标准与居民人均纯收入的比率（%）
2009	241.4	1320.7	18.28	—	411.5	—
2010	299.0	1474.8	20.27	161.4	460.8	35.03
2011	343.5	1700.6	20.19	198.8	553.5	35.92
2012	407.7	1929.2	21.13	242.2	634.3	38.18
2013	460.3	2208.1	20.85	284.6	716.3	39.73
2014	472.0	2362.5	19.98	269.1	831.3	32.37

数据来源：依据《中国民政统计年鉴》（2014）整理计算得出，2014年数据来源于内蒙古自治区民政厅官方网站。

2. 最低生活保障制度保障标准占城乡居民人均消费支出的比例偏低

如表3-8所示，2009~2014年，内蒙古自治区城镇居民低保标准年均增速为11.84%，居民家庭月人均消费支出年均增速为9.12%，低保标准增速低于人均消费支出增速，低保标准占人均可支配收入的比例在2013年达到最高值28.68%。内蒙古自治区农村牧区低保标准年均增速为10.76%，农村牧区居民家庭人均现金消费支出年均增速为19.66%，低保标准与居民人均现金消费支出的比率2012年最高达到50.71%。对比城市和农村牧区的低保标准，城市低保标准与人均消费支出的占比远远低于农村牧区低保标准与人均现金消费支出的占比，意味着城市低保标准对城市居民的消费支出影响较小，低保水平偏低，而农村牧区低保标准对农村牧区现金消费支出的影响较大，低保标准相对于城市来说较高。

表3-8 2009~2014年内蒙古自治区低保标准与居民人均消费对比情况表

年份	城市			农村牧区		
	平均低保标准（元/人·月）	居民家庭人均消费支出（元/月）	低保标准与居民人均消费支出的比率（%）	平均低保标准（元/人·月）	居民家庭人均现金消费支出（元/月）	低保标准与居民人均现金消费支出的比率（%）
2009	241.4	1030.8	23.42	—	283.0	—
2010	299.0	1164.2	25.68	161.4	329.2	49.02
2011	343.5	1323.1	25.96	198.8	402.3	49.41
2012	407.7	1476.4	27.61	242.19	477.6	50.71
2013	460.3	1604.0	28.68	284.58	563.6	50.49
2014	472.0	1740.4	27.20	269.08	831.0	32.38

数据来源：依据《中国民政统计年鉴》（2014）整理计算得出，2014年数据来源于内蒙古自治区民政厅官方网站。

(三) 低保救助管理的合理性分析：管理不规范

1. 低保"进入"缺乏行政核查程序

（1）审查时间短。在实践中，城市低保户从申请到入保，基本上都在一个月左右的时间完成。核查人员的入户调查、实际走访次数在现行制度设计中没有统一规定，这与欧美对于"具备一定劳动能力"的贫困救济核查时间差距很大。如英国、德国的行政核查从申请之日起，政府核查、认定时间至少在6个月以上。

（2）审查项目少。目前，内蒙古自治区低保认定对象满足户籍状况、家庭收入和家庭财产三个条件，持有当地常住户口的居民，凡共同生活的家庭成员人均收入低于当地低保标准，且家庭财产状况符合当地人民政府规定条件的，可以申请低保。对于无劳动能力、无收入来源的实行全额补助，对于有劳动能力、有收入来源的实行差额补助。而其中收入的审查较为复杂。内蒙古自治区目前对于低保救助中有劳动能力的申请对象，实际人均收入按"应得收入"计算，参照零工收入标准，因具体工作性质的不同导致的不同工种的收入差距无法计算与核实，实行差额补助就不能因人而异，有失公允。

2. 缺乏对有劳动能力的低保人员的再就业培训

目前对于低保申请对象中有劳动能力的没有再就业的要求，地方政府缺乏提供劳动技能培训的责任。目前内蒙古自治区对辖区的再就业培训对象，都局限在登记失业人员范畴，低保救助对象被排除在再就业培训之外。多数有劳动能力的低保救助对象未被纳入再就业培训。

3. 基层低保管理工作难度较大

在户籍制度改革、人口流动频繁的新形势下，低保工作的管理难度进一步加大。基层的低保管理部门，由于工作程序规定上的不细致、基层工作监督机制不健全以及低保监督工作客观上存在的难度，助长了基层工作的粗放化。由此导致了申请资格审查、确定保障对象、执行保障标准、发放保障资金、进行动态管理、保存工作文件和落实优惠等各个环节的随意性，甚至导致一些违规事件出现，如低保资金的挤占挪用。在农村牧区，由于农村牧区居民居住地相对分散，而基层民政部门人员配备较少，工作手段落后，仅由乡村两级逐一调查核实低保对象的工作量较大，导致低保工作程序的粗放。

4. 制度设计不合理导致"贫困陷阱"

内蒙古自治区实施的最低生活保障制度中低保补助实行差额补助和全额补助两种，对"三无"人员实行全额补助，对尚有一定收入的城市居民、农村牧区实行差额补助，批准其差额享受城市居民最低生活保障待遇。所以，低保户最终的实际救助额等于低保救助标准减去申请救助者的实际收入。因此,受助者无意通过劳动或者其他方式增加自己的收入,因为增加多少意味着失去多少,所以受益者不愿意中断一直延续的低保待遇,出现"贫困陷阱"。在内蒙古自治区城乡最低生活保障制度中,虽然对申请低保的人员要进行详细严格的家计调查,但由于没有必要的监管机制,并没有对受助人员产生一种约束的条件或机制,进而衍生出一些变相不公的现象。

(四) 救助资金来源多元化分析:救助资金单一化

资金问题是建立低保制度的核心问题,低保资金来源主要包括财政拨款、社会捐助两个渠道。但是目前内蒙古自治区低保救助中财政拨款是主要来源,社会捐助的规模较小,低保救助资金来源较为单一。

在财政投入上,内蒙古自治区城镇居民最低生活保障资金和农村牧区社会救济资金的财政预算都在增长,但却存在中央与自治区级财政分担责任的博弈。其中,在城镇居民最低生活保障制度的预算安排中,虽然中央政府的预算安排占很大的比例,但近几年自治区级、市级和县级的预算支出比例一直在增长。在农村牧区居民最低生活保障制度的财政预算中,中央财政承担低保资金的筹集责任偏小,特别是农村牧区低保缺乏中央财政的明确补助,农村牧区低保资金全部纳入了地方财政预算。受制于各盟市地方经济发展和财政实力的差异,最低生活保障经费在总量上和不同盟市间投入不足,大部分市县的低保资金还存在不同程度的缺口。

在社会捐助上,目前,内蒙古自治区社会捐助事业较为落后,捐助主要是用于赈灾、助残、救孤、助学、助医以及其他困难救助,而用于城乡低保的微乎其微。

总而言之,目前内蒙古自治区最低生活保障多元化筹资机制尚未建立,单一化的财政筹资加剧了内蒙古自治区用于城乡最低生活保障的财政负担。

(五) 低保救助项目叠加性分析:全面救助和无救助并存

目前,社会救助的各种项目都与"低保"挂钩,形成了救助的叠加,使"低保对象"成为一种特定的社会身份。低保资格附带着很多连带的利益,有着很多辅助性的社会救助制度,如医疗、教育和住房救助等都是优先甚至完全针对低保户的。如果低保户失去低保资格,就会自动地失去这些利益,而这些帮助对很多低保户来说是更重要的。这种救助项目的叠加不利于低保作用的发挥。低保福利依赖问题并非低保标准水平过高,而是附加在低保制度上的种种其他福利(姚建平,2013)。同时,由于条件不符合而未被纳入低保的"边缘户"在遇到困难时却得不到任何形式的救助。低保户的"全面救助"和非低保户"无救助"并存，不利于社会和谐发展。

三、内蒙古自治区最低生活保障制度发展机制的优化路径

内蒙古自治区最低生活保障制度是贯彻落实内蒙古自治区"8337"发展思路的一项重点工作，也是"十个全覆盖"的项目之一。面对经济新常态，为切实保障城乡困难群众基本生活，内蒙古自治区最低生活保障制度需要继续优化、不断改革，把最低生活保障工作提高到新水平，为服务自治区经济社会发展大局做出应有的贡献。

（一）低保救助对象精准化

1. 准确审核低保申请救助对象

（1）积极探索低保申请对象"家庭人均收入"的管理模式。对难以核查的隐性收入等问题，可采用抽样调查的方法进行处理。具体做法是采用简单随机抽样或者系统抽样的方法，选取一定样本量的申请救助家庭，除了进行一些必备的调查项目以外，还需要额外追加一些可能的隐性收入项目进行重点核查。采用随机抽样的方法，一方面保证每一时期每一个申请救助的家庭都有同等的概率接受较为复杂的隐性收入等核查，保证制度公平性；另一方面，采用概率抽样的方式着眼于样本，可节省制度运行成本。此外，还可借鉴江苏省社会救助管理工作联席会议制度和上海居民经济状况核对中心的居民经济状况核对系统，即"电子比对专线"[1]。政府对申请对象自报职业与实际职业进行核准，对不同工种的工资标准核定计算。对申请对象的家庭财产审核渠道、对财产性收入的审核评估等，都要积极探索审核标准和审核渠道。没有对人均收入水平的审核标准、审核程序，分类救助就没有依据，就会产生救助不公的现象。

（2）低保对象的量化指标认定。推广内蒙古自治区赤峰市克什克腾旗农村牧区低保对象的认定标准体系，推进低保对象认定综合指标体系，综合低保对象劳动力系数、家庭收入、财产状况、赡（抚）养人情况、听证评议等因素，建立各地统一的低保对象认定标准，切实提高低保对象认定的科学性和准确性。

2. 实施低保对象的"分层"救助

对低保对象实行边界弹性化处理，将救助对象分层，可以使低保更加具有针对性，发挥更好的社会效益。在具体操作中，可以考虑根据劳动能力将低保户进

---

[1] 祝建华．城市居民最低生活保障制度的调整与转型——地方实践与制度重构［J］．学习与实践，2010（9）．

行区分,实行不同的制度。对于"三无"群体、老年人、残疾人、孤儿等不在劳动年龄段或者丧失劳动能力的人群继续提高待遇标准,实行完善的救助。对于有劳动能力的群体则提出更严格的工作要求和相对较低的救助金,并为其提供丰富的再就业培训。这种分层救助一方面能够保障"最贫困"的家庭得到有效的救助,体现救助的效率,另一方面又能够保障那些低保边缘群体得到救助,体现救助的公平性,从而在一定程度上体现了公平与效率的统一。除了杭州市以外,在中国的其他省市也有针对低保边缘户的有益制度探索,以制度化的形式来消除现行制度对低保边缘户的排斥。

(二) 低保救助标准适度化

1. 低保标准的准确制定

(1) 从最低保障标准的制定范围来看,合理的最低生活保障线低于低收入线,同时也应该低于最低工资线,当然也低于社会平均工资。确立一个科学合理的最低生活标准是完善最低生活保障制度的基本要求,标准是否合理直接影响着保障制度能否顺利实施。如果在制定的过程中将标准定得太高,则会加重国家与地方的财政负担,也将滋生"懒汉心理",降低受助者的脱贫积极性;如果将标准定得太低,则不能保障贫困者得到最低生活补助,最低生活保障制度失去意义。

(2) 从城市居民的最低生活保障标准的制定来看,随着生活水平的不断提高,基本生活需要的范围逐步扩大,满足其最低生活需要的最低生活保障标准也应该适时不断提高。

2011年《内蒙古自治区城市居民最低生活保障条例实施办法》规定:城市居民最低生活保障标准,按照维持当地城市居民基本生活所必需的衣、食、住费用,并适当考虑水电燃煤(燃气)费用以及未成年人的义务教育费用确定。但这种制定方法涵盖范围较窄,应该随着经济发展扩大基本生活需要的范围。

如表3-9所示,低保家庭基本生活需要的测算包括日常生活、教育、医疗、住房、社会参与五个维度,然后以一定的加权系数来考虑家庭规模、家庭结构的因素。内蒙古自治区各盟市不同城市可根据实际情况在这五个维度的范围内进行具体指标的增减,以此制定准确的低保标准。

(3) 规范农村牧区低保家庭收入核算管理办法。从农村牧区居民最低生活保障标准的制定来看,农村牧区低保家庭的收入来源不定时、不稳定,具有隐蔽性,所以收入核算困难。各盟市根据当地农牧民的情况,做好共同生活的家庭成员经营性净收入和工资性收入的核查。对申请人及共同生活家庭成员的社保、车辆、房产、金融、保险等信息进行核对,并通过入户调查、邻里走访、信函索证、群众评价等方式,全面了解农村牧区低保申请家庭的收入、财产和实际生活状况。

并对申请人家庭收入难以确定实际数额的,依据当地最低工资标准、农村牧区劳动力人均收入等进行测算,确保农村牧区低保申请家庭经济状况核查的公平、公正。

2. 低保救助标准的动态调整

最低生活保障标准的动态调整是指低保标准与物价上涨挂钩的联动机制,并随着当地居民生活必需品价格变化和人民生活水平的提高定期调整。《内蒙古自治区人民政府办公厅关于完善社会救助和保障标准与物价上涨挂钩联动机制的通知》(内政办发〔2014〕56号)规定了内蒙古自治区低保标准与物价上涨挂钩联动机制,确保了低保家庭的基本生活水平。

表3-9 低保家庭基本生活需要测量表

维度	指标	备注
日常生活	1. 主食、蔬菜、禽蛋、肉类、食用油	按照现行城市低保标准核定
	2. 其他必需食品	
	3. 饮用水及生活用水	
	4. 生活用电	
	5. 煤(燃)气	
	6. 衣物	
	7. 冬季供热	
	8. 清洁费	
	9. 其他生活必需杂用品	必备的电器、家具等
	10. 报纸	每户一份
	11. 有线电视	一个有线电视端口
教育	12. 学龄前儿童(幼儿园)保育	参考公办幼儿园标准
	13. 小学与初中在校学生义务教育	参考公办中小学标准
	14. 成年人再就业培训	参考当地标准
	15. 智障学生教育	包括课本费、作业费和基本生活护理费
医疗	16. 参加城镇基本医疗保险	免交医疗保险费
	17. 常规体检	每年一次
	18. 重病重残人员日常生活补贴	参照当地标准
	19. 残疾人基本康复治疗	一次性康复器材补贴、精神残疾医药费补贴
住房	20. 人均10平方米住房	实物配租、租金补贴配租、公房租金减免
	21. 基本房屋修缮	设上限
社会参与	22. 基本通信	固定通信费,设上限
	23. 公交IC卡	每天一个来回车次

资料来源:《城市居民最低生活保障制度的调整与转型——地方实践与制度重构》(祝建华,2010)。

(三) 低保救助形式多样化

最低生活保障的救助形式应该以现金救助为主，实物救助与社会服务相配套。城乡居民生活援助制度依然是以家计调查为核心的一项生活援助制度，因此，现金救助依然是救助的主要形式，实物救助较多地以费用减免的方式来体现。另外，针对一些家庭的特殊需要，可以采用提供社会服务的方式来满足其基本生活需要，或者以政府购买服务的形式给这些家庭提供包括疾病护理、生活照料在内的社会服务，对一些未到法定退休年龄同时身体健康的失业人员，可通过提供培训等就业服务的方式来帮助其提高自我发展能力[①]。

(四) 低保救助资金筹集多元化

2014年《内蒙古自治区城乡居民最低生活保障资金管理办法》进一步明确城乡低保资金的筹集渠道，包括各级财政预算安排的资金、社会捐赠收入及其他资金，并要求盟市、旗县（市、区）财政部门应将城乡低保资金足额纳入同级财政预算，通过财税优惠政策，鼓励和引导社会力量提供捐赠和资助，多渠道筹集城乡低保资金。

1. 增大政府公共财政投入

尽快建立健全低保投入与国民经济和政府财力挂钩的联动机制。加大财政投入规模，提高城乡低保标准和补助水平，确保城乡困难群众基本生活不因物价上涨而受到影响。同时，进一步优化支出结构，提高城乡低保资金在公共财政支出中的比例，确保将符合标准的救助对象全部纳入低保制度，切实做到应保尽保。要加强低保专项资金的预算执行管理，加快预算执行进度，减少结余资金。完善预算执行情况逐月通报制，将年初预算到位率作为政府使用低保资金绩效考核的重要指标，与下年预算安排挂钩。另外，规范政府间转移支付制度，形成合理的各级政府财政分担机制。要以"因素计分法"测算的救助资金数量作为政府间转移支付的决策依据，综合测算转移支付接受方的财政收入能力和财政支出需要，建立规范化的低保转移支付制度设计和执行标准。

2. 拓宽筹资渠道，壮大低保资金实力

充分发挥民间组织的筹资渠道作用，开展形式多样的最低生活保障捐赠资助活动，将捐助的资金存入专门的账户，用于补充农村牧区低保资金的缺口。此外，个人所得税属于调节收入的税种，因此可考虑将个税规定为地方低保资金的

---

① 祝建华. 城市居民最低生活保障制度的调整与转型——地方实践与制度重构 [J]. 学习与实践，2010 (9).

固定来源①。发行专用于低保的福利彩票,也可补充部分低保资金。通过全社会共同分担的形式,建立起以公共财政为主体的多元筹资机制,实现政府主导、民政协调、社会各方面救助的全方位、多层次的保障。

(五)低保退出机制常态化

《内蒙古自治区城镇有劳动能力低保对象就业帮扶渐退管理办法》(内民政社救〔2013〕152号)提出:凡城镇低保家庭中在就业年龄段内(男性18周岁至55周岁,女性18周岁至45周岁)、有劳动能力尚未就业的人员(不含全日制在校学生),经劳动保障部门介绍就业或自谋职业者均属"渐退帮扶"对象。有劳动能力的低保对象退出机制成为新常态,内蒙古自治区各盟市应该建立健全城镇低保对象与促进就业工作的联动和激励约束机制,帮助其尽快实现就业和再就业。

1. 明确享受低保救助群体权利义务关系

享受低保救助权利和承担义务是紧密相连的。一方面,所有居民在家庭人均收入未达到当地最低生活保障线时,都有权提出低保救助申请,有权享受政府提供的低保救助资金或各种补贴、代金券。另一方面,低保救助对象必须履行义务,包括:家庭的人口状况、收入状况、财产状况发生变化的,应当及时告知苏木乡镇人民政府(街道办事处)②。在就业年龄内的有劳动能力者应当主动就业或者接受有关部门介绍的工作。特别是对于有劳动能力的低保对象,必须承诺履行自己在一定时期内再就业的约定,明确其参加再就业技能培训、再就业心理辅导及职业道德培训的义务。例如,低保救助对象履行《再就业合同》程序。对于已经进入低保救助行列的低保群体,应按照入保时的权利义务约定,在尊重个人的择业意愿条件下,区县政府部门、社区(居民委员会),与其签订三方共同认可的《再就业合同》,通过再就业合同管理模式,三方约定履行再就业培训内容、培训时间,在约定时间内走出低保救助大门。如某受助对象的个人意愿是通过学习厨艺自食其力,通过政府组织培训或委托培训方式,在通过培训后以政府推荐等方式帮助其走向再就业岗位。

2. 建立促进有劳动能力低保对象积极求职的利益导向机制

实际上,很多有劳动能力的低保户并非不想工作,事实上他们大多数都是灵活就业者,只是为保持其低保资格而隐瞒工作或隐瞒收入而已。但工作收入确实会导致很多相关利益的损失,而低保户所能找到的工作往往是收入非常低并且极不稳定的工作,与失去的利益相比,完全是得不偿失,因而不少低保户为保持其

---

① 郭明霞. 社会救助的国际比较及其经验借鉴[J]. 兰州大学学报(社会科学版),2010(3).
② 赵溯理,杨怀印. 我国城镇低保救助制度的完善设计建议[J]. 中国行政管理,2014(8).

低保资格而对找工作采取消极的态度，甚至在工作与低保资格发生冲突时宁愿放弃工作也不愿放弃低保资格。可见，只有当就业后的收益大于就业前从低保等其他救助中获得的综合收益时低保户才会积极地寻找工作。因此，可以采取以下措施促进有劳动能力的低保户积极求职。

（1）引入"工作福利"模式促使低保对象参加再就业培训。把低保金的给付和参加培训或参与就业有机联系起来，建立鼓励就业或培训的利益导向机制，同时辅之以严厉的懒汉治理措施，提高消极行为给他们带来的不利后果，以防止对政策福利的极大依赖。在一定程度上，内蒙古自治区的低保具有发达国家失业救助的性质，也是地方政府安抚特定人群的重要手段。促进低保对象中具有劳动能力的人群就业，既有利于减轻财政支出的压力，又有助于增加真正需要保障人群的待遇。

（2）"收入豁免"，即对部分收入免予计入家庭收入，先从该家庭有正常劳动收入人员的收入中，扣除等额于就业生活补贴的部分收入，剩余收入再计入家庭收入，若低于低保线标准，便可纳入"低保"[①]。此项措施目前在上海市、杭州市等地已开始实施。该方法使得参加工作的低保对象的净收入随着工作收入的增加而增加，能有效地提高生活救助对象的就业意愿，促进有能力的生活救助对象努力寻找就业机会，提高就业率。

（3）"就业补贴"，即通过社会救助资金对就业后收入低于最低工资标准的低保户发放不同比例的就业补贴。对于有志于创业的救助对象，可以从工商税收上给予优惠；对于那些正在享受低保同时又找到工作的人，可以给他们一个享受低保金的过渡期[②]，这样可以避免他们落入"失业陷阱"。在内蒙古自治区，对于有创业意愿的低保户家庭来说，最缺乏的是启动资金。如何帮助这些低保户通过自主经营的方式走出低保，可尝试对低保户的"低保金拉长"的融资扶持、自救创业制度进行总体设计。通过试点，摸索成功经验和失败教训，对低保户自主创业能力、低保户自救计划可行性分类调研，并对"低保金拉长"抵押贷款自主创业风险进行评估，在此基础上确定"低保金拉长"的贷款规模。

（六）低保管理工作规范化

1. 加快社会救助立法，推进社会救助规范化管理

2014年颁布的《内蒙古自治区社会救助办法》，标志着自治区社会救助工作立法创制取得了突破性进展，为依法依规救助提供了坚实基础。在此基础上，根据不同社会救助项目的特点，由自治区人大出台有关救助项目地方性法规，切实

---

① 郑功成. 中国社会救助制度的合理定位与改革取向［J］. 国家行政学院学报，2015（4）.
② 高传胜. 中国社会救助体系建设还可以再做些什么？［J］. 中国民政，2011（9）.

提高社会救助项目立法层次，为依法救助提供强有力的法律支撑，确保城乡社会救助各项任务落到实处、困难群众得到实惠。

2. 强化管理监督责任

内蒙古自治区目前要求最低生活保障工作实行地方各级人民政府负责制，政府主要负责人对本行政区域最低生活保障工作负总责，最低生活保障工作纳入对盟市领导班子实绩考核。因此，各盟市在低保管理中，要参照自治区有关考核办法，将最低生活保障政策实施情况纳入各级人民政府考核体系，考核评价结果作为干部选拔任用、管理监督的重要依据。

3. 建立统一的保障制度奖惩机制

《内蒙古自治区城乡居民最低生活保障资金绩效考评暂行办法》（内财社〔2011〕2452号文件）要求对各盟市城乡居民最低生活保障资金预算执行进度和支出均衡性等情况进行绩效考核。因此，在低保资金预算安排上，应该尽快建立下年预算安排与上年预算执行挂钩机制；在分配城乡居民最低生活保障补助资金时，对地方政府保障制度投入资金、扶持力度、年度绩效考核突出的地方给予奖励支持，反之则对其进行一定的处罚。通过这一方式，形成良性的竞争环境，加大地方政府对最低生活保障制度建设的重视程度，贯彻落实保障制度的相关政策。

第四章

内蒙古自治区社会化养老服务体系发展态势

内蒙古自治区是"未富先老"的地区。2014年,60岁以上老年人口为450万人,占自治区人口总数的18%。其中65岁以上的老年人口有182.5万人,80岁以上的老年人口有34.3万人,65岁以上老年人口和80岁以上老年人口分别占内蒙古自治区人口总数的7.3%和1.4%;城乡空巢家庭接近30%,人口相对集中的几个城市这一比例已接近50%。这些数据说明,内蒙古自治区老龄人口规模庞大,人口老龄化迅猛,呈现出快速化、高龄化、失能化、空巢化和贫困化以及"未富先老"的特征。在人口老龄化迅猛发展时期,这些特征成为影响老年人福利水平的重要因素之一。因此,在经济新常态下,如何实现"老有所养、老有所依",已成为未来养老的最大挑战之一。为此,在社会转型时期,为积极应对人口老龄化、高龄化的加剧现象,各级政府应高度重视养老服务业的发展,按照内蒙古自治区"8337"发展思路,结合内蒙古自治区实际,发挥政府主导作用的同时,培育多元化市场主体,以政策创制为先导,以项目建设为基础,实施精细化管理手段,加快推进传统养老模式的转型,优化养老服务体系,发展健康的养老事业,不断满足人民群众日益增长的社会福利新需求,推动民族地区经济和社会和谐稳定发展。

第四章 内蒙古自治区社会化养老服务体系发展态势

一、内蒙古自治区社会化养老服务体系的现状

截至2014年底,内蒙古自治区共有各类养老机构2252所,较2013年的1865所增加了387所,总床位数20.47万张。其中:公办社会福利机构和老年养护院164所,床位数2.67万张;社区老年人日间照料中心629所,床位数9435张;农村牧区互助养老幸福院已建成769所,8.5万张床位;农村敬老院398所,床位4.44万张;光荣院34所,床位2159张;民办养老机构258家,床位数3.7万张,自治区每千名老人拥有床位数达47张。基本实现了城乡"三无"对象自愿条件下的集中供养目标,并有效缓解了社会养老服务供需矛盾。

内蒙古自治区现有养老机构中公办社会福利机构比较多。截至2014年底,各类公办养老机构中,公办社会福利机构和老年养护院占养老机构总数的7%,社区老年日间照料中心占养老机构总数的28%,农村牧区互助养老幸福院占养老机构总数的34%,农村敬老院占养老机构总数的18%,光荣院占养老机构总数的2%;民办养老机构占养老机构总数的11%。

(一)养老服务政策支撑体系初步建立

为认真贯彻落实国务院《关于加快发展养老服务业的若干意见》(国发〔2013〕35号),内蒙古自治区出台了《内蒙古自治区人民政府关于加快发展养老服务业的实施意见》(内政发〔2014〕57号)、《内蒙古资助社会力量兴办社会福利机构实施细则》、《内蒙古自治区社会办养老机构管理办法》、《内蒙古自治区养老机构设立许可与管理办法》。这些政策对内蒙古自治区养老服务机构的建设、管理、运营提出了标准化的要求,并有效推动了家庭化、小型化养老机构的建设发展,提升了养老服务质量;推动了养老服务机构管理服务标准化、精细化建设等,为全区养老服务业发展提供了政策支撑。

(二)养老福利机构床位数逐年增加

如表4-1所示,内蒙古自治区城市养老福利机构床位数量由2004年的1754张增加到2013年的25801张,增加了13.7倍;农村养老福利机构床位数量由2004年的15047张增加到2013年的38325张,增加了1.5倍。

如图4-1所示,内蒙古自治区城市与农村养老福利机构床位数量的年均增长率分别为152%和17%。2011年之后,内蒙古自治区养老福利机构床位数城市的增速一直快于农村。城市养老福利机构床位数量在2006年和2007年两年为负增长,其余年份均为正增长。

表4-1 2004~2014年内蒙古自治区养老福利机构情况

年份	养老福利机构数（个）		工作人员数（人）		床位数（张）		年末收养人数（人）	
	城市	农村	城市	农村	城市	农村	城市	农村
2004	71	628	251	1745	1754	15047	1120	11016
2005	85	608	778	1738	4157	15619	2508	10637
2006	93	618	343	2027	2701	16102	1912	12353
2007	45	679	287	2541	2465	30886	1747	24742
2008	57	587	347	1956	3753	30799	2441	25325
2009	63	526	451	2118	3794	25332	2629	21446
2010	67	517	509	1968	4047	28706	2955	24566
2011	72	530	666	2134	7837	33691	6009	27615
2012	119	526	1636	2221	18689	37248	7022	26964
2013	150	483	2165	2139	25801	38325	12939	27830

数据来源：根据《中国民政统计年鉴》（2013）中的相关数据整理计算得出。

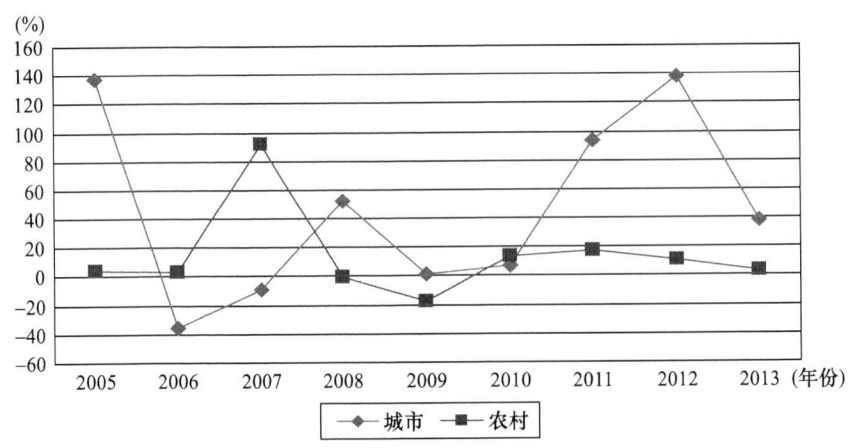

图4-1 2005~2013年内蒙古自治区养老福利机构床位数增长速度

（三）养老福利机构工作人员逐年增加

如表4-1所示，内蒙古自治区城市养老福利机构工作人员数量由2004年的251人增加到2013年的2165人，增加了7.6倍，年均增长率为84%，并在2013

年超过了农村养老福利机构工作人员的数量;农村养老福利机构工作人员数量由2004年的1745人增加到2013年的2139人,增加了20%,年均增长率为2.5%。

如图4-2所示,内蒙古自治区城市养老福利机构工作人员数量的增长速度2008年后快于农村养老福利机构工作人员数量的增长速度。城市养老福利机构工作人员数量的增长速度除2006年和2007年外均为正,2012年更是高达146%。

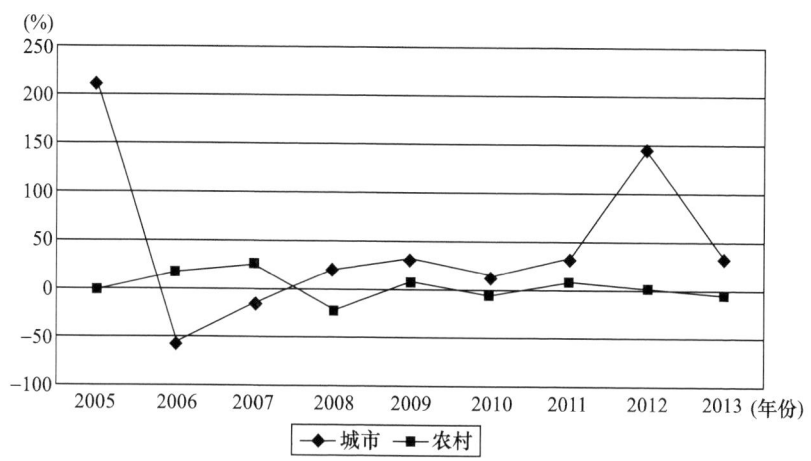

图4-2 2005~2013年内蒙古自治区养老福利机构工作人员数量增长速度

(四) 养老福利机构年末收养人数逐年增加

如表4-1所示,内蒙古自治区城市养老福利机构年末收养人数量由2004年的1120人增长到2013年的12939人,增加了10.6倍;农村养老福利机构年末收养人数量由2004年的11016人增长到2013年的27830人,增加了1.5倍。农村养老福利机构年末收养人数一直多于城市养老福利机构年末收养人数,但收养人的增加速度不及城市养老福利机构年末收养人的增加速度。

如图4-3所示,2013年内蒙古自治区城市与农村养老福利机构年末收养人数量的年均增长率分别为117%和17%。城市和农村养老福利机构年末收养人数的增长速度波动很大,2011年之后,城市养老福利机构年末收养人数的增速一直快于农村。

(五) 内蒙古自治区养老福利机构入住率逐年波动上升

如表4-2所示,2004年内蒙古自治区城市养老福利机构入住率为63.85%,2011年上升到76.67%,2012年下降为37.57%,到2013年又上升到50.15%;

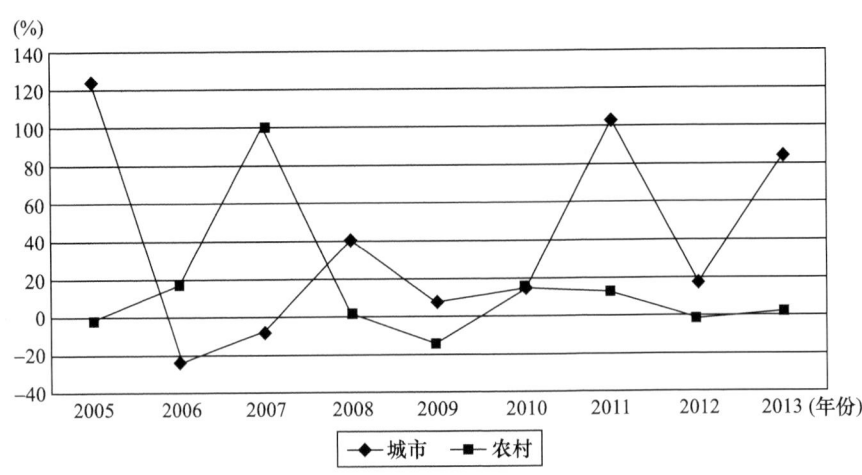

图 4-3　2005~2013 年内蒙古自治区养老福利机构年末收养人数增长速度

2004 年农村养老福利机构入住率为 73.21%，2010 年上升到 85.58%，2012 年下降为 72.39%，到 2013 年又上升到 72.62%。城市和农村养老福利机构入住率均呈现出波动上升的趋势。这说明，城乡养老院的利用率不断提高。

表 4-2　2004~2013 年内蒙古自治区养老福利机构入住率

单位：%

年份	城市	农村
2004	63.85	73.21
2005	60.33	68.10
2006	70.79	76.72
2007	70.87	80.11
2008	65.04	82.23
2009	69.29	84.66
2010	73.02	85.58
2011	76.67	81.97
2012	37.57	72.39
2013	50.15	72.62

数据来源：根据《中国民政统计年鉴》（2013）中的相关数据计算得出。

（六）内蒙古自治区养老福利机构工作人员与老年人比例有所提高

如表 4-3 所示，内蒙古自治区城市养老福利机构工作人员与收养人数的比例在 2004 年时为 1:4.5，到 2013 年时这个比例变为 1:6；农村养老福利机构工作人员与收养人数的比例在 2004 年时为 1:6.3，到 2013 年时这个比例变为 1：13。虽然从绝对数上来说，养老福利机构工作人员数与收养人数都在增加。但与其他地区比较，养老福利机构工作人员与收养人数的比例较低。老年人所分到的工作人员数量在下降，这个问题在农村养老福利机构尤为突出。

表 4-3　2004~2013 年内蒙古自治区养老福利机构工作人员与老年人比例

年份	城市	农村
2004	1:4.5	1:6.3
2005	1:3.2	1:6.1
2006	1:5.6	1:6.1
2007	1:6.1	1:9.7
2008	1:7.0	1:12.9
2009	1:5.8	1:10.1
2010	1:5.8	1:12.5
2011	1:9.0	1:12.9
2012	1:4.3	1:12.1
2013	1:6.0	1:13.0

数据来源：根据《中国民政统计年鉴》（2013）中的相关数据计算得出。

（七）养老服务各项改革试点稳步推进

2014 年，内蒙古自治区深入推动公办养老机构改革试点工作。在包头市、乌兰察布市、锡林郭勒盟、鄂尔多斯市等盟市进行养老机构模式改革，并积极开展公建民营改革试点。一是城市居家养老。包头市搭建养老服务平台，加大政府购买服务度，增加社区日间照料中心，积极将社会力量引入社区居家养老服务中去，从而推进城市养老服务业发展。二是农村互助养老。乌兰察布市通过调动、联合各个部门共同建设农村养老服务设施，其中农村互助养老幸福院是建设重点，区域性敬老院和养老服务站作为补充。建设过程中整合各种资源，包括整合使用多项涉农资金，以完善农村养老服务体系。三是牧区养老。锡林郭勒盟紧密结合牧区老年人的养老服务需求，加强牧业旗老年公寓建设，重点推进政府购买服务、"12349" 便民为老服务中心建设和人才培养的进程，同时突出发展牧区医养结合，进而推进牧区养老服务业的发展。四是社会化养老。鄂尔多斯市通过制定扶持政策，鼓励民间资本进入养老服务业，具体落实民办养老机构的运营补贴，规范管理社会化养老服务业，进而促进养老服务业的社会化、产业化发展。

具体从土地保障、服务补贴、资金补助和税收减免等方面提出了一系列的优惠扶持政策。

二、内蒙古自治区社会化养老服务体系发展面临的问题

养老服务政策作为一项治理养老困境的社会福利政策，在实施过程中效果较显著。但是，实施过程中出现了一些深层次的问题，制约着养老服务体系的优化。

（一）政府财政对社会化养老服务投入不足

政府的财政责任是要建立财政对养老投入的长效机制，确定各级政府对养老服务的投入比例，明确对养老服务投入的覆盖范围，引导相关配套资金注入，同时要对投入养老服务中的资金的使用情况进行审计监督，以保证资金的使用效率。

内蒙古自治区政府对社会化养老服务的投入还是十分有限的，有关统计数据显示，2013年内蒙古自治区老年福利支出为41411.2万元，当年GDP为16832.38亿元，老年福利支出占GDP的比重为0.025%，投入养老服务中的资金就更少。原因：一是资金短缺，在养老服务硬件设施建设与更新改造的速度方面，跟不上老年人对养老服务日益多样化需求的增长速度；二是各地经济发展不平衡，各地对社会化养老服务的财政拨款差异很大，进而导致了各地养老服务发展的不平衡。因此要实现普惠型社会福利目标还有很长的路要走。

养老服务业属于福利性事业，政府有责任支持社会化养老服务业的发展，但仅依靠政府的投资建设是无法满足社会化养老服务的巨大需求的，还要鼓励民间资本及时进入养老市场。为了保持民间资本投资社会化养老服务业的积极性，在土地、税收、用水、用电、用气等方面应该给予实质性的政策优惠，并且制定出具体的执行标准。

（二）社会化养老服务资源供给不足

社会化养老服务要向大多数老年人提供包括基本生存需求在内的多样化的养老服务，养老服务的资源要由多主体共同供给。具体来说，政府要提供的就是最基本的养老服务，而接受这些最基本养老服务的老年群体应该是那些经济状况比较差、生活基本不能自理的特殊老年群体；社会其他力量提供的养老服务则更多的是为了满足大多数老年人多种多样的个性化养老需求。

在养老服务人员的供给方面，从2004年1名养老服务人员为6位老年人服

务，到2014年1名养老服务人员要为9位老年人服务，每个养老福利机构工作人员要接受更大的工作量，而每位被收养的老年人则可能因为工作人员工作量的加大而得不到应有的照顾。

在服务设施的供给方面，在过去的10年中，养老福利机构的数量基本没有变化，每年新福利机构的增速较缓慢，而老年人口以年平均15.33%的速度快速增加。面对大量快速增加的老年人口和随之而来的大量需求，显然这种增长速度是远远不够的。在现有的养老机构中，很多建筑年代久远。当时的老式建筑并没有太多考虑到老年人行动不便，因而在养老功能上比较弱。由于城市的发展，一些养老机构被闹市包围，居住环境差，机构规模非常有限，很难保证老年人的身心健康。所以不管是从这些养老机构的数量上还是能够提供的服务质量上，都需要进行完善。

（三）公办养老机构发展相对滞后，存在一定的床位缺口

受经济社会发展水平和老年人思想观念的影响，自治区社会办养老机构发展相对滞后。目前，自治区社会办养老机构床位数占总床位数的比重仅有17%，与全国社会办养老机构床位数占总床位数的60%相比差距较大。要完成国发〔2013〕35号文件确定的到2020年每千名老年人拥有35～40张养老床位的目标，在"十三五"时期，自治区需新增养老服务机构床位数十万张，达到每千名老人40张左右；自治区96%的老年人依托社区服务实现居家养老，4%的老年人入住养老机构养老；社区老年人日间照料中心，新增床位3万张。因此，建设任务十分繁重。

（四）政府采购责任存在一定的"缺位"现象

政府采购责任就是根据需求制定出包含养老服务性质、价格、方式的方案，向市场中服务提供者购买养老服务。政府的职能不是直接提供养老服务，养老服务中的政府供给更多的是政府从市场购买服务让老人接受服务，政府需要支付相关服务费用。

政府采购责任的缺位主要表现在政府购买服务的受益对象仅限于困难老人，购买的服务也比较单一，由于对经济增长的关注多于对老年人权益的关注，即使一些地方资助社会化养老服务事业，现有的对养老服务的购买仍不能达到大多数老年人对养老服务多样化的需求。所以政府还需要扩大对社会化养老服务购买的范围。

（五）社会化养老服务政府监管较弱

养老服务是一种公共服务，市场竞争机制、自制机制不能对其进行完全调

节，因此政府对社会化养老服务业的管理应包括事前控制和事后监督。事前控制就是要完善社会化养老服务业的准入机制。事后监督包括政府对服务质量的考核、对法律法规的遵守情况和对财政资金的使用情况等。

政府监管方面的现实情况是，一个项目往往涉及政府的多个部门，各部门都有自己的执行标准，且各部门之间缺乏协调，在对社会化养老服务业的事后监督方面还存在一些问题。法律法规的局限性，对养老服务业的监管不力，都会严重影响老年人福利事业的健康发展。

从具体执行方面来看，需要对事前控制和事后监督制定标准化的规则，各个部门之间需要统一执行标准，才能尽量避免有人对政府的监督管理提出异议。

三、内蒙古自治区社会化养老服务业体系发展机制的优化路径

为应对"未富先老"的情景，政府在发挥主导作用的同时，要积极调动和引导社会资源参与，形成合力，优化社会化养老服务体系，治理人口老龄化这一时代性的难题。

（一）强化政府责任，加大投入力度

政府作为社会化养老服务的组织者及主要责任者，要加强社会化养老服务方面的法律法规的建设，从养老服务企业的市场准入、运营规则、监管方式等方面来规范养老服务业，使社会化养老服务业有法可依，从制度层面上保障老年人的权益。民政部门、财政部门、卫生部门、人力资源与社会保障等各相关部门在社会化养老服务体系中，应明确责任，做好配合。在具体的项目上，相关部门应当根据实际情况制定具体的执行标准和相关的优惠措施。

"十二五"时期，内蒙古自治区2011~2013年用于发展养老服务业的福利彩票公益金分别为11711万元、13615万元和9318万元。2013年内蒙古自治区拨付使用的福利彩票公益金为18531.8万元①，用于老年人福利项目的比例只达到50.3%。为此，应结合内蒙古自治区福利彩票公益金的规模、老年人口规模和社会经济发展状况，将用于发展养老服务业的福利彩票公益金提高到60%。除此之外，内蒙古自治区可以通过发行地方专项福利彩票为本地区筹集公益金，从而促进养老服务业的发展。

（二）发挥政府主导作用，构建多元化养老服务供给体系

近来各级政府在培育多元化养老服务供给体系方面已做出了极大的努力。

---

① 中彩网（http://www.zhcw.com/gongyi/gyjgq/3765189.shtml）。

2012年以来,内蒙古自治区各地民政部门出台了《关于鼓励和引导民间资本进入养老服务领域的文件和通知》。但总体上来说,目前这项工作基本上停留在政策层面,没有得到有效的落实。构建政府主导的多元化养老服务供给体系需要政府发挥统筹协调作用,消除阻碍民间资本、外国资本进入养老服务供给体系的障碍,以社区为平台整合社会资源,培育多元化市场主体。政府应该在制度层面提供保障,鼓励民营机构提供特色服务,建成一批技术能力强、服务质量好、社会赞誉高的服务品牌。同时,积极推动公办机构的"政事分开"改革,实现各类机构竞争的公平性、有效性。

在构建多元化养老服务供给体系过程中,社会力量必然成为发展养老服务业的主体。随着公建民营、民办公助等模式的建立健全,养老模式进入由市场和社会组织运营的管理模式。因此,政府必须从制度、资金等维度支持和鼓励并引导优质资源进入养老服务体系中。

(三) 深化养老服务与医疗服务的融合

美国著名心理学家马斯洛提出需求层次理论,他将人的需要划分为五个层级,按照从低级到高级的顺序,依次为生理需要、安全需要、社会需要、尊重需要以及自我实现需要。

根据这一理论,不同老年人对养老服务的需求是不同的,有的老年人对养老服务的需求停留在生理需要的层面上,有的老年人对养老服务的需求则处在社会需要的层面上。政府应加快"医养融合"型养老模式的制度和政策出台。从目前情况来看,需要加快医疗机构和养老机构之间医疗服务资金结算的对接,为老年人在资金结算环节省去不必要的麻烦;加快建立老年人健康档案制度,使医疗机构和养老机构能够及时、准确地在通用信息平台上找到信息,快速地为老年人制定治疗与护理的方案。

针对需求不同的老年人,应分别提供不同养老与医疗服务,是深化养老与医疗服务的融合所要达到的目标。具体包括以下内容:①在养老机构内部提升现有医疗服务的水平;②为每位入住的老年人建立电子健康档案,将健康档案录入养老机构与医疗机构共享的信息平台,并进行实时更新,一旦老人出现突发状况,可以帮助医疗机构对老年人病情做出迅速判断;③尽快将养老机构与医疗机构的金融结算进行对接,简化支付结算程序,使养老机构中老年人在接受医疗机构的服务后不必为繁杂的结算程序而发愁;④选择一部分医疗机构,长期为居家老人输出医疗服务。

(四) 优化政府购买养老服务方式

根据公共物品理论,政府应对养老服务的供给承担起应有的责任,但社会福利多元化理论提出政府对养老服务的供给责任应有一定的限度。因此，根据这两个理论，政府承担养老服务的责任是有限责任。具体如下：

在养老服务政府购买方面，结合内蒙古自治区经济社会发展水平、政府财政承受能力和老年人基本服务需求，制定政府购买养老服务的指导性目录。政府购买养老服务的内容应根据实际需求进行动态调整，并通过招标采购及其他的方式，购买市场化程度较高的养老服务。

政府购买的养老服务包括以下内容：①养老服务行业管理与协调服务，购买这类服务以确保养老服务直接供给者的资质与其提供服务的质量；②专业技术性的养老服务，通过政府购买使有需求的老年人成为养老服务的直接受益人。

在购买范围方面，将养老服务政府购买的范围从经济困难的特殊老年人扩大到全体老年人，使更多的老年人得到实惠；在购买内容方面，重点购买生活照料、康复护理和养老服务人员培养等方面的服务，为特殊需要资助的老年人购买助餐、助医、护理等上门服务。

（五）按照养老需求，政府合理规划养老服务设施

社会化养老服务设施的建设规划首先将其纳入城乡整体规划中，针对老年人不同的需求，在合适的地点科学合理地规划养老服务设施、整合养老资源。在规划养老服务设施的建设时，政府应该具有前瞻性。

在新的设施建设之外，政府还要对已有的设施进行更新改造或改进。在公共场所适当增加能为老年人提供方便的设施，如增加一些扶手与座椅；对老旧小区的公共设施进行改造，使其能够更加照顾到老年人的感受。

在制定养老服务发展规划时，要对养老服务的需求与供给进行全面调查，在掌握养老服务的现实情况后，科学合理地进行统筹规划，使养老服务资源的需求与供给得到有效的匹配。要正确行使政府的职能，明确规定各相关部门的职责，并把它们的履行情况与绩效评估挂钩。充分调动社会各界的积极性，形成政府主导、社会参与的发展模式，大力推动养老服务业的发展（常振，2012）。

（六）建立长期护理保险制度

借鉴美国临终关怀保险项目和日本"介护保险"（即护理保险）的经验，应该探索建立长期护理保险制度。长期照护服务体系构建的关键在于长期护理保险制度的建立和健全。需要失能老人经济支付能力的支撑，更需要医疗保险制度的深化改革。可以先从商业保险起步，在"呼、包、鄂"地区先行试点，摸索和积累经验，再逐步过渡到建立强制性的长期护理保险制度。目前市场上仅有太平洋人寿推出的"太平盛世附加老年护理保险"，信诚人寿推出的"挚爱一生"附

加女性保障险、国泰人寿推出的康宁长期看护健康保险等为数不多的保险产品，尽管长期护理保险产品的开发尚处于萌芽状态，但可为未来的老年长期护理保险积累宝贵的经验。

（七）积极引入第三方评价机制

2015年民政部发布了《民政部关于探索建立社会组织第三方评估机制的指导意见》。这是一部打破"内部评价"的传统做法的指导意见。第三方评价制度具有专业性、独立性、权威性和公信力的特征。引入第三方评价机制有利于改进养老服务的供需匹配和在养老服务流程中实施绩效管理以及提升养老服务的质量、效果。但引入第三方评价制度时必须对养老服务进行分类评估，信息公开，流程管理规范，法律法规制度健全。

（八）加强专业服务人才培养与队伍建设

现阶段，不管在养老机构还是在家政服务中心，大多数护工的专业素养并不是很高，在照顾老年人的时候，尽管付出了很多，却并不能让老年人满意，服务水平十分有限。从服务队伍的整体情况来看，人员流动很频繁，不利于养老服务业长期稳定发展，也不利于提高养老服务业的服务质量。

政府可以定期开展服务人员培训班，或是为服务人员和授课单位牵线搭桥。通过加强对服务人员的职业道德教育和专业技能培训，使他们的服务水平得到大幅度的提高，从而得到全社会的认可。在此基础上，政府可以建立职称评定体系，激励他们在获得认可的基础上做得更好，让他们产生一种归属感和一种职业自豪感，以减少服务队伍的人员流动，进而保证社会化养老服务业能够提供高质量的养老服务。

养老服务的工作有其特殊性，照顾老年人除了在身体上很辛苦外，在心理上也会承受不小的压力，其中一部分压力就直接来源于被照顾的老年人。对于这样一个费力不讨好的职业，需要定期对从业人员进行心理疏导，同时提高他们的福利待遇，让他们感受到来自他人的尊重。要想不断壮大专业养老服务人员的队伍，还需要建立起老年护理员职业制度，让从业者有据可依。

（九）强化监督管理，提高政府服务效率

在完善社会化养老服务体系的各个环节，都应当建立相应的评价体系与监督体系。在规划环节，无论是资金使用环节，还是人才培养的环节，完善的评价体系与监督体系能够及时发现问题，从而及时解决问题。真正做好事前预防、事中控制和事后治理。

2014年12月1日起施行的《内蒙古自治区养老机构设立许可与管理办法》在养老机构的设立和监督检查方面都有规定，也可以说是提出了养老机构的事前监督和事后监督的一个执行标准。但有了标准还需要在监督管理方面真正地落实，需要成立独立的监督小组，客观独立地对养老机构进行评定、监督，才能有助于提升养老机构的服务质量。

在完善社会化养老服务体系的过程中，对于资金使用环节，要定期对资金的投入、使用与结余进行审计，确保用于提供养老服务的资金能够用到实处；对于人才培养环节，要加强从业人员的资质审核与培训机构的资质审核，防止买证上岗的现象出现；在提升服务质量的环节，要确保服务的安全性、经济性与专业性，加强定期检查与抽查，防止食品安全出现问题，防止火灾的发生，还要防止养老服务出现乱收费的现象。

第五章

内蒙古自治区基本养老保险制度运行态势

中国人口老龄化问题已然成为全世界关注的问题。根据《中国人口老龄化发展趋势预测研究报告》，中国人口老龄化始于2000年，在发展中国家是比较早进入老龄社会的国家。中国人口众多，尤其是老龄人口数量庞大，到2013年时中国65岁及以上老年人口占世界老龄人口的21.56%。在未来，中国的人口老龄化将经历以下阶段：第一阶段，从目前到2020年是人口快速老龄化阶段，这期间中国60岁及以上人口数量将达到2.48亿人，平均每年增加596万人，年均增长速度为3.28%，其中80岁及以上老年人口数量将达到3067万人，占总人口的比重为12.37%；第二阶段，从2021年到2050年是人口加速老龄化阶段，这期间中国60岁及以上人口数量将以每年620万人的速度增加，到2050年时总量将超过4亿人，而80岁及以上老年人口将以平均每年220万人的速度增加，到2050年时达到9448万人，占总人口的比重高达21.78%；第三阶段，从2051年到2100年是人口老龄化速度基本稳定且已经进入重度老龄化的阶段，这期间中国60岁及以上人口将达到其峰值，约为4.37亿人，且在一定时期内保持较为稳定的数量，80岁及以上老年人口占比也将保持在25%~30%，已处于重度老龄化状态①。针对日益严峻的人口老龄化冲击，2011年，中国人力资源和社会保障事业发展"十二五"规划纲要中提出，在"十二五"期间健全社会保障体系，基本实现人人享有社会保障的发展目标，并明确了相关指导思想及具体工作计划。

在国家社会保障事业发展目标框架下，内蒙古自治区立足于欠发达的基本区情，结合本地区实际情况，制定了"坚持广覆盖、保基本、多层次、可持续"方针，尽快建立覆盖城乡居民的社会保障体系，逐步提高保障标准和统筹层次的发展目标。内蒙古自治区"十二五"规划中提出，"十二五"期末，城镇职工基本养老保险参保人数达到500万人，城乡居民养老保险实现制度全覆盖，参保率达到60%以上；城镇企业职工基本养老保险自治区级统筹更加完善，企业基本养老金接近全国平均水平；规范的社会保险预决算管理制度基本建立，企业退休人员纳入社区管理的比率接近全国平均水平。

---

① 全国老龄工作委员会办公室. 中国人口老龄化发展趋势预测研究报告［C］. 中国人口老龄化研究论文集，2010.

第五章 内蒙古自治区基本养老保险制度运行态势

一、内蒙古自治区基本养老保险制度发展现状

完善社会保障体系不仅是内蒙古自治区"十二五"规划的重要内容之一，更是内蒙古自治区"8337"发展思路的重要组成部分，因而受到党和政府的高度重视。在应对人口老龄化，大力发展社会保障事业的大背景下，内蒙古自治区养老保险事业得到了长足的发展。在基本养老保险的覆盖范围、基金管理以及待遇发放等各方面都取得了显著成绩。

（一）基本养老保险制度实现了制度全覆盖，参保人数不断增加

2010~2014年，内蒙古自治区基本养老保险覆盖范围由城镇各类所有制企业职工、个体工商户、灵活就业人员，逐步向农村牧区人口、事业单位职工和城镇居民扩展，各项保险参保人数均有了大幅增加。

1. 城镇企业职工基本养老保险参保人数逐年增加

如表5-1所示，2010年内蒙古自治区基本实现了城镇企业职工基本养老保险自治区级统筹，城镇企业职工基本养老保险参保人数为430.7万人，比"十二五"规划目标少了0.3万人。2011年，内蒙古自治区城镇企业职工基本养老保险制度覆盖面进一步扩大，部分社保遗留问题得到解决，有15.4万名"五七工"①纳入职工基本养老保险统筹。参加城镇企业基本养老保险人数为452.4万人，比2010年末增加21.7万人，高出"十二五"规划12.4万人。2012年，参加城镇职工基本养老保险人数提高到472.0万人，比2011年增加19.6万人，提前完成了2013年的规划目标。截至2014年底，城镇企业职工基本养老保险参保人数达到524.9万人，比2013年增加了28.4万人，超额完成了"十二五"规划目标。

表5-1 2010~2014年内蒙古自治区城镇企业职工基本养老保险参保人数

单位：万人

年份	2010	2011	2012	2013	2014
"十二五"时期人力资源和社会保障事业发展计划	431.0	440.0	455.0	470.0	485.0
城镇企业职工基本养老保险参保人数	430.7	452.4	472.0	496.5	524.9

---

① "五七工"是指20世纪六七十年代，曾在石油、煤炭、化工、建筑、建材、交通、运输、冶金、有色、制药、纺织、机械、轻工、农、林、水、牧、电、军工这19个行业的国有企业中从事生产自救或企业辅助性岗位工作的，具有城镇常住户口、未参加过基本养老保险统筹的人员。

续表

年份	2010	2011	2012	2013	2014
其中：在职职工人数	292.2	303.0	308.9	315.5	—
离退休人员人数	119.2	132.8	148.9	168.7	188.7

数据来源：《内蒙古自治区人力资源和社会保障事业发展统计公报》（2010~2014），内蒙古自治区人民政府网站（http://www.nmg.gov.cn），内蒙古自治区人力资源和社会保障事业发展"十二五"规划。

参保人数不断增加的同时，城镇企业职工基本养老保险参保人数的增长幅度也在逐年提高。如图5-1所示，除了2012年参保人数增幅有所下降之外，其余年份参保人数增幅在不断提高。这说明，内蒙古自治区城镇职工基本养老保险参保人数不断增加，为完善社会保险体系奠定了良好的基础。

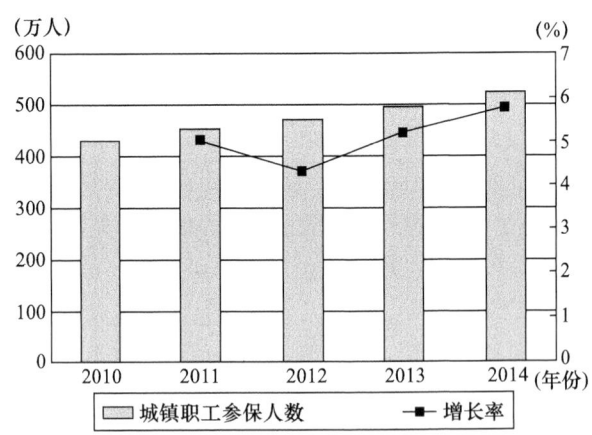

图5-1　2010~2014年内蒙古自治区城镇职工基本养老保险参保人数

另外，从城镇企业职工基本养老保险参保人员构成来看，参保人员年龄结构显著老化。如图5-2所示，2013年内蒙古自治区参加城镇企业职工基本养老保险的在职职工人数达到315.5万人，比2010年增加23.3万人，年均涨幅为2.8%。而参加城镇职工基本养老保险的离退休人员数量则从2010年的119.2万人增加到2013年的168.7万人，年均涨幅为12.3%，离退休人员数量增加速度远快于在职职工数量，二者之差（在职职工人数-离退休人员人数）从2010年的173万人，下降到2013年的146.8万人。

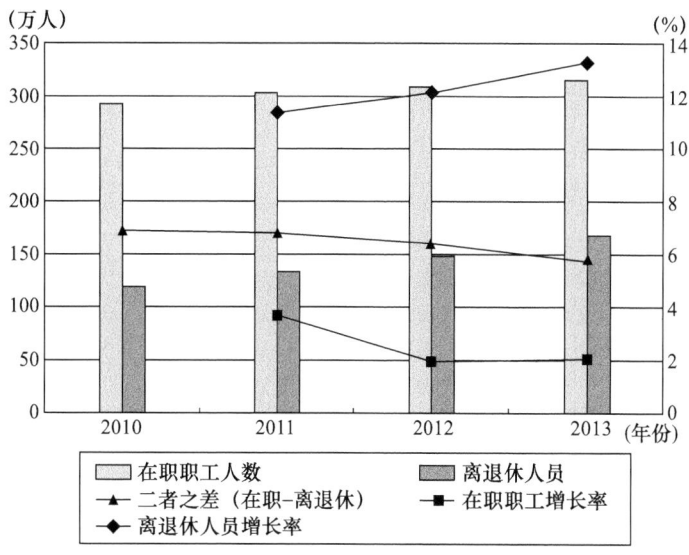

图 5-2 2010~2013 年内蒙古自治区在职职工及离退休人员数量变化

2. 城乡居民基本养老保险参保人数也在稳步增加

图 5-3 直观地展示了内蒙古自治区城乡居民基本养老保险参保人数的变化情况。2010 年,内蒙古自治区 55 个旗县区开展了新型农村牧区社会养老保险试点工作,参加"新农保"人数达到 216.85 万人。到 2011 年,新型农村牧区社会养老保险试点范围扩大到 75 个旗县(市、区),在 61 个旗县(市、区)开展了城镇居民社会养老保险工作,参加"新农保"人数达到 343.4 万人,比 2010 年增加 126.55 万人。城乡居民总计参保人数 357 万人,比 2010 年增加 140.2 万人,增长 64.6%。2012 年,实现了城镇居民养老保险制度与新型农村社会养老保险制度的并轨。当年,城乡居民基本养老保险制度实现全覆盖,参保人数大幅提高,达到 756.1 万人,增长率高达 111.8%。到 2013 年,城乡居民基本养老保险参保人数达 780.3 万人,比 2012 年增加 24.2 万人。截至 2014 年底,参加城乡居民基本养老保险人数比 2013 年减少 18.4 万人,为 761.9 万人,下降约 2.4%。

(二)基本养老保险基金收支规模及积累数额不断增大

随着内蒙古自治区基本养老保险制度覆盖范围的不断扩大以及参保人数的不断增加,基金收支规模也有显著提高。

1. 城镇职工基本养老保险基金规模不断扩大

如表 5-2、图 5-4 所示,2013 年内蒙古自治区城镇职工基本养老保险基金

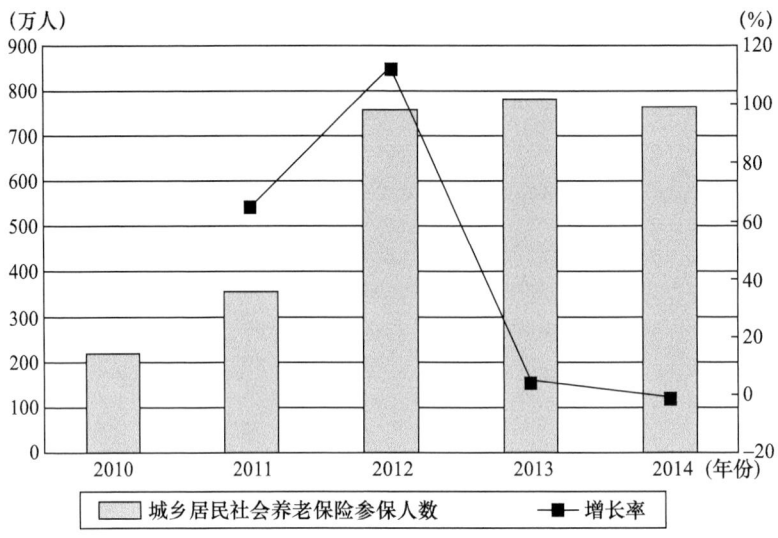

图5-3 2010~2014年内蒙古自治区城乡居民基本养老保险参保人数

收入达到461.4亿元,比2012年提高13.7%。基金支出水平则达到411.3亿元,比2012年提高19.7%。从当年的收支差来看,基金当年收支差在不断减少。从2011年的85.8亿元下降到2013年的50.1亿元,下降幅度达到35.7亿元。但是,累计结余额度在逐年增加,到2013年时达到456.0亿元,比2011年增加112.3亿元。

表5-2 2011~2013年内蒙古自治区城镇企业职工基本养老保险基金收支及结余

年份	基金收入 (亿元)	基金支出 (亿元)	当年收支差 (亿元)	累计结余 (亿元)
2011	355.4	269.6	85.8	343.7
2012	405.8	343.6	62.2	405.9
2013	461.4	411.3	50.1	456.0

数据来源:《内蒙古自治区人力资源和社会保障事业发展统计公报》(2010~2014),内蒙古自治区人民政府网站(http://www.nmg.gov.cn)。

从基金的收入和支出水平的增长幅度可以发现,内蒙古自治区城镇职工基本养老保险基金支出增加速度快于收入的提高速度。如图5-5所示,城镇职工基本养老保险基金收入增长率从2012年的14.2%下降到2013年的13.7%,而基金支出增长率则从2012年的27.4%下降到2013年的19.7%。从图5-5中可以看

第五章 内蒙古自治区基本养老保险制度运行态势

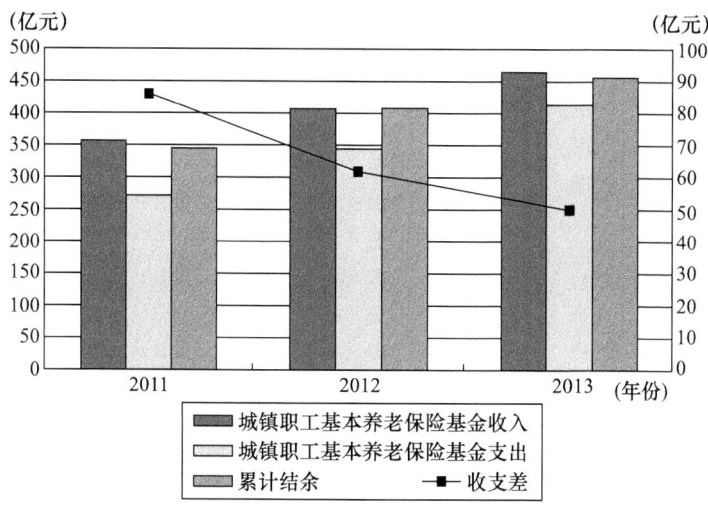

图 5-4　2011~2013 年内蒙古自治区城镇职工基本养老保险基金收支及结余

出,虽然城镇职工基本养老保险基金收入增长率、支出增长率和累计结余增长率均在下降,但支出增长率水平一直高于收入增长率。这说明,城镇职工基本养老保险基金作为一个"蓄水池",其流出量比流入量多,导致基金累计结余增长率在下降,从 2012 年的 18.1% 下降到 2013 年的 12.3%,下降幅度达到 30% 以上。

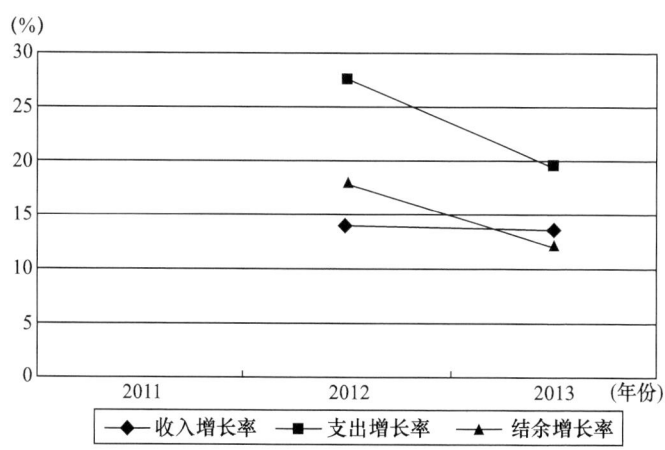

图 5-5　2011~2013 年内蒙古自治区城镇职工基本养老保险基金收支及结余增长率

2. 城乡居民基本养老保险基金规模也在不断扩大

相比城镇职工基本养老保险制度，城乡居民基本养老保险制度因实施时间不长而显现出基金收入有限、基金规模不大的特征。如表5-3所示，2011年新型农村社会养老保险基金收入10.9亿元，基金支出6.7亿元，累计结余13.2亿元。到2012年制度并轨后，城乡居民基本养老保险基金收入有了大幅提升，达到33.1亿元，基金支出则提高到19.7亿元，累计结余达38.1亿元。2013年，城乡居民基本养老保险基金收入进一步提高到44.1亿元，基金支出和累计结余分别达到27.3亿元和58.1亿元。

表5-3 2011~2013年内蒙古自治区城乡居民基本养老保险基金收支情况

单位：亿元

年份	城乡居民基本养老保险基金收入	城乡居民基本养老保险基金支出	城乡居民基本养老保险基金累计结余	收支差
2011	10.9	6.7	13.2	4.2
2012	33.1	19.7	38.1	13.4
2013	44.1	27.3	58.1	16.8

注：表中2011年数据为内蒙古自治区新型农村养老保险基金数据。
数据来源：中国人力资源和社会保障年鉴（工作卷）（2012~2014）[M]．中国劳动社会保障出版社．

基金的收支差可以较好地反映内蒙古自治区城乡居民基本养老保险基金收支水平以及累计结余的变化情况。如图5-6所示，2011年新型农村社会养老保险收支差为4.2亿元，到2012年制度并轨后，收支差提高到13.4亿元，并开始稳步上升。可见，新型农村社会养老保险与城镇居民社会养老保险制度的并轨，对扩大基金收入来源，提高基金筹资水平有显著的正效应。

（三）基本养老保险待遇水平连年上调

随着内蒙古自治区基本养老保险制度的覆盖范围逐步扩大，养老保险待遇水平也在不断提高。如表5-4所示，2013年内蒙古自治区企业退休人员养老金月人均待遇水平为1840元，比2010年的1405元提高了435元。虽然，内蒙古自治区城镇企业职工基本养老保险待遇水平在稳步提高，但除2010年外，各年份数据均低于内蒙古自治区人力资源和社会保障事业发展"十二五"规划中规定的目标数据。

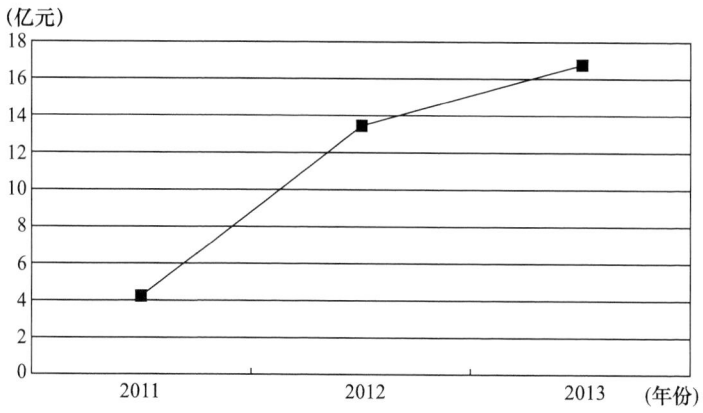

图 5-6　2011~2013 年内蒙古自治区城乡居民基本养老保险基金收支差

表 5-4　2010~2013 年内蒙古自治区城镇企业职工基本养老保险待遇水平

单位：元

年份	2010	2011	2012	2013
月人均待遇水平	1405	1550	1730	1840
"十二五"计划	1405	1625	1820	2038

数据来源：《内蒙古自治区人力资源和社会保障事业发展统计公报》（2010~2014），内蒙古自治区人民政府网站（http://www.nmg.gov.cn）。

（四）基本养老保险享受待遇人数不断增加

内蒙古自治区新型农村牧区社会养老保险试点工作从 2010 年开始实施到 2012 年与城镇居民社会养老保险制度并轨，享受待遇人数不断上升。如图 5-7 所示，2010 年，内蒙古自治区新型农村牧区社会养老保险享受待遇人数为 48.02 万人，到 2011 年增加到 69.6 万人，比 2010 年增加 21.58 万人。2012 年，内蒙古自治区城乡居民基本养老保险制度实现全覆盖，达到领取待遇年龄的参保人数为 184.9 万人，其中实际领取待遇人数为 184.4 万人，养老金发放率达到 99.7%。2013 年，参加城乡居民基本养老保险的群体中，达到领取待遇年龄的参保人数为 192.8 万人，其中有 189.6 万人领取养老金，分别比 2012 年增加 7.9 万人和 5.2 万人。

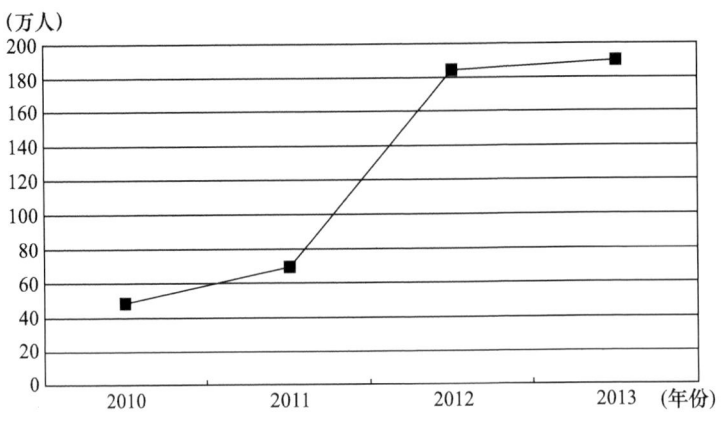

图 5-7　2010~2013 年内蒙古自治区城乡居民基本养老保险享受待遇人数

（五）基本养老保险社会化管理服务水平显著提高

2010~2013 年，内蒙古自治区参加城镇企业职工基本养老保险的企业逐步提高社会化管理服务水平。如图 5-8 所示，2010 年内蒙古自治区实行社会化管理服务的企业退休人数为 112.9 万人，其中纳入社区管理人数为 85.5 万人，社区管理服务率为 75.1%，比 2009 年末提高 2 个百分点。2013 年，实行社会化管理服务的企业退休人数为 164.5 万人，比 2010 年增加 51.6 万人。社区管理服务率为 83.8%，比 2010 年提高 8.7 个百分点。

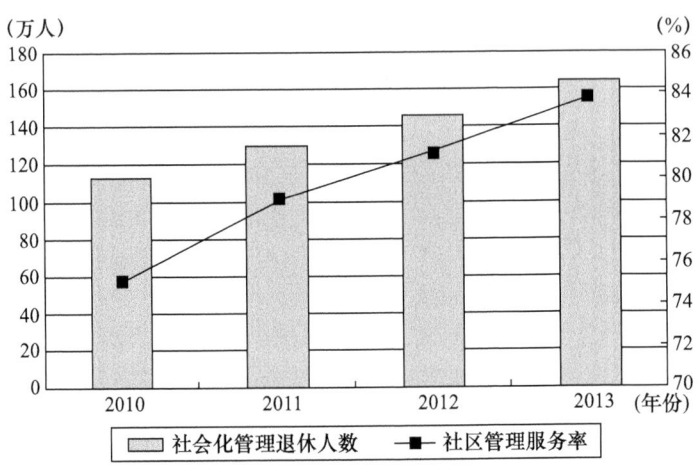

图 5-8　2010~2013 年内蒙古自治区实行社会化管理企业退休人员及社区管理服务率

(六) 企业年金取得较快发展

企业年金是企业及其职工在依法参加基本养老保险的基础上，自愿建立的补充养老保险制度。如表5-5所示，2014年内蒙古建立企业年金的企业数量为400个，比2012年增加了70个，参加职工人数约为25.4万人，比2012年约减少了1.4万人，资产规模达到38.8亿元，比2012年提高了约2.4倍。虽然账户数量及基金规模有限，但作为城镇企业职工基本养老保险制度的重要补充，企业年金对企业职工退休生活的经济保障功能日渐凸显。

表5-5　2012~2014年内蒙古自治区企业年金概况

年份	企业账户（个）	职工账户（个）	资产金额（亿元）
2012	330	267864	16.1
2013	379	284957	28.2
2014	400	253688	38.8

注：本表统计按照分级管理和属地原则，不包括人社部备案的单一计划及加入集合计划的中央企业。
数据来源：人力资源和社会保障部基金监督司，《全国企业年金基金业务数据摘要》（2012~2014），人力资源和社会保障部网站（http://www.mohrss.gov.cn）。

(七) 基本养老保险制度信息化建设工作取得阶段性成绩

基本养老保险制度信息化建设是进一步完善基本养老保险制度的重要组成部分。2009年，国家已经强调要加快推进公共服务设施和服务网络建设，早日实现社会保障全国一卡通。2011年，人力资源和社会保障"十二五"信息化规划中明确要求，全面发行社会保障卡，积极推进社会保障卡应用，发卡数量达到8亿张，覆盖60%的人口。2012年政府工作报告中又一次提出，加快全国统一的社会保障卡发放。在政府及人力资源和社会保障部的部署下，内蒙古自治区经过考察、学习先进地区建设经验，借鉴金融、保险等行业"一卡通"建设思路，确定通过自治区级大集中模式，提出用三年时间基本实现全区社会保障"一卡通"。内蒙古从2010年起全面启动了社会保障"一卡通"工程。2010年集中建设金保工程，并基本完成"软件统一、数据集中、信息共享"的自治区级集中平台建设。2011年全面启用集中式应用系统，建设社保关系转移平台、社保异地结算平台、社保基金监管系统，并实现了社会保险业务的规范化、标准化和经办全程的实时监控，为精细化管理打下坚实基础。2012年开展部门间信息共享平台建设，加快实名制数据的对比、核实、清理，为所有服务人群统一发放带有金融功能的第二代社会保障卡，截至2014年底，社会保障卡持有人数达到1012

万人。

二、内蒙古自治区基本养老保险制度发展面临的问题

近几年,内蒙古自治区基本养老保险制度不断发展,从制度的完善、覆盖面的扩大以及基金收支、待遇发放等方面均取得了显著的成绩。但随着人口老龄化问题的突出以及城镇化进程的加快,内蒙古自治区基本养老保险制度面临着新的挑战。

(一)基本养老保险扩面征缴工作仍需加强

根据现有统计数据,内蒙古自治区城镇职工基本养老保险制度覆盖范围不断扩大,参保人数在2010~2014年增加了21.9%,而城乡居民基本养老保险制度则从2010年的"新农保"试点推行到2012年实现制度全覆盖,参保人数翻了2.5倍。但目前,内蒙古自治区仍然有大量符合条件的参保人员游离在基本养老保险制度之外,例如农牧民工、非公有制经济组织从业人员和灵活就业人员、城镇无收入老年居民以及失地农牧民等。

(二)基本养老保险基金收入增长缓慢

近几年,内蒙古自治区城镇职工基本养老保险基金收入有了较大幅度提高,但是从增长率来看,基金收入增长率在下降,且收入增长率远低于支出增长率,累计结余增长率也以较快速度在下降。这表明,城镇职工基本养老保险基金收入增长缓慢,缺乏有效的筹资渠道。从现有筹资渠道来看,个人和用人单位缴费是城镇职工基本养老保险基金的主要收入来源,但缴费过程中欠缴、拖缴现象突出,直接影响了基金收入的提高。

城乡居民基本养老保险基金收入虽然在制度并轨后有了大幅提升,但是增长速度仍较为缓慢,在很大程度上依靠各级政府财政补贴,增加了政府财政的负担。从缴费收入角度来看,虽然在制度设计中适当体现了多缴多得的激励机制,但作用不显著,在参保群体中,多数参保者选择较低档次的缴费标准,不利于基金收入的提高。

投资收益也是基本养老保险基金增加收入的重要渠道。但现阶段,基本养老保险基金养老金缺乏有效的投资渠道。长期以来,基本养老保险基金的投资方式主要是存入银行(中国大多数省份存的是协议存款或定期存款,少数省份存的是活期存款),少量用于购买国债。基金收益率不高,直接影响到基本养老保险基金保值增值。虽然,2015年初人力资源社会保障部、财政部会同有关部门研究

起草了《基本养老保险基金投资管理办法》，并向社会公开征求意见，但具体落实到各省市自治区还尚需一段时间。

(三) 养老保险基金支付压力倍增

在人口老龄化的冲击下，内蒙古自治区城镇职工基本养老保险参保人员年龄结构显著老化，增加了养老保险基金的支付压力。2010～2013年，虽然内蒙古自治区城镇职工基本养老保险参保人数在逐年增加，但其中在职职工人数增幅远低于离退休人员增幅，前者年均增长2.8%，而后者年均涨幅为12.3%。这为城镇职工基本养老保险基金的收支平衡带来了巨大压力。随着人口老龄化程度的加剧，享受养老保险待遇的人数不断增加，而为养老保险基金收入做出贡献的群体数量将不断下降。这将进一步加剧养老保险基金未来支付的压力。截至2014年底，内蒙古自治区总人口数量为2504万人，其中60岁及以上人口数量为450万人，占总人口的比重达到18%，比2010年第六次人口普查数据高出近7个百分点；65岁及以上人口数量为182.5万人，占总人口的7.3%，80岁及以上人口数量达到34.3万人，占总人口的1.4%。可见，内蒙古自治区人口老龄化程度已经较为突出，且呈现出快速老龄化以及高龄化的特征。

另外，随着内蒙古地区物价水平的不断上涨，基本养老保险待遇水平也在不断提高。内蒙古统计局数据显示，2010～2013年，内蒙古自治区居民消费价格指数年均涨幅为3.8%，城镇职工基本养老保险月人均待遇水平涨幅为31%。可见，养老金待遇水平的刚性特征对养老保险基金支付提出了更高的要求。

(四) 城镇职工基本养老保险个人账户"空账运行"问题尚未解决

个人账户是职工参加基本养老保险的主要权益记录之一，也是职工退休时计算基本养老保险待遇的重要依据之一。然而，由于大量的转制成本[①]的存在以及统筹账户调剂使用个人账户基金，导致职工个人账户"空账运行"。从全国层面来看，中国社会科学院世界社会保障研究中心发布的《中国养老金发展报告（2012）》显示，2012年中国城镇职工基本养老保险个人账户空账规模达2.22万亿元。同样，内蒙古自治区城镇职工个人账户空账运行情况仍突出。2010年，内蒙古自治区"十二五"规划中明确提出，进一步做实养老保险个人账户。但是，由于内蒙古没能进入国家从2001年起实施的做实个人账户试点省份行列，做实个人账户进度相对缓慢。

当然，个人账户收益率不高也是导致个人账户空账规模不断扩大的原因之

---

① 转制成本，指养老金制度从现收现付制向统账结合模式转轨后，隐性债务显性化的成本。

一。根据《内蒙古自治区企业职工基本养老保险自治区级统筹办法》，个人账户按照内蒙古自治区统一公布的记账利率计算利息。2011年，内蒙古自治区企业职工基本养老保险个人账户按5%的记账利率计算利息，而同年，物价指数涨幅为3.2%，可见，基本养老保险个人账户实际收益率不高，影响做实个人账户进度。

（五）基本养老保险待遇水平有待进一步提高

内蒙古自治区城镇职工基本养老保险月人均待遇水平从2010年的1405元提高到2013年的1840元，增长了30.96%。而在职职工平均工资水平则从2010年的2959元提高到2013年的4282元，增长了44.71%。基本养老保险待遇水平占在职职工平均工资的比重从2010年的47.48%下降到2013年的42.97%。可见，养老金待遇水平提高速度低于在职职工平均工资。

城乡居民基本养老保险待遇水平则根据缴费档次的选择而定，由于多数缴费群体选择了较低缴费档次，因而待遇水平并不高，难以保障老年生活。

（六）企业年金发展相对缓慢

企业年金是城镇企业职工基本养老保险制度的重要补充。我国从2004年5月1日起实施《企业年金试行办法》，到2014年，我国企业年金规模已经达到7688.95亿元。

如表5-6所示，相比国家企业年金规模迅速扩张，内蒙古自治区建立企业年金的企业数量及职工数量都偏低，企业年金资金规模也较小。根据《全国企业年金基金业务数据摘要》，2014年内蒙古自治区建立企业年金的企业数量在32个统筹地区排第24位，职工账户数量及资产规模均处于较低水平。

表5-6 2014年内蒙古自治区及部分统筹地区企业年金概况对比

	企业账户（个）	职工账户（个）	资产金额（万元）
内蒙古自治区	400	253688	387815.74
甘肃	358	474817	676959.64
贵州	358	172527	445293.31
吉林	357	192971	417060.51
海南	255	29745	70270.89
宁夏回族自治区	198	55711	174833.22
青海	134	63384	152239.47
西藏自治区	13	9037	18974.98

续表

	企业账户（个）	职工账户（个）	资产金额（万元）
新疆建设兵团	5	10433	57608.76

注：本表统计按照分级管理和属地原则，不包括人社部备案的单一计划及加入集合计划的中央企业。

数据来源：人力资源和社会保障部基金监督司，《全国企业年金基金业务数据摘要》（2012~2014），人力资源和社会保障部网站（http://www.mohrss.gov.cn）。

（七）基本养老保险基层公共服务平台的信息化建设滞后

内蒙古自治区基本养老保险基层公共服务平台信息化建设相对滞后，基层经办机构效率不高，信息化程度较低，基本养老保险信息系统没有覆盖街道、社区和苏木乡镇、嘎查村，不利于参保人缴费、领取待遇以及查询个人参保信息等。另外，基层经办人员专业化、职业化程度不高，服务效率有待提高。

三、内蒙古自治区基本养老保险制度发展机制的优化路径

在经济发展新常态下，围绕内蒙古转变经济发展方式、调整产业结构的方针策略，针对内蒙古自治区基本养老保险制度发展面临的问题，结合内蒙古自治区实际，应进行优化改革。

（一）完善激励监督机制，保证养老保险基金收入稳定

1. 扩大基本养老保险制度覆盖面，拓展基本养老保险基金收入渠道

继续扩大基本养老保险制度覆盖面，是提高基本养老保险基金收入的重要渠道。因此，进一步完善激励机制，调动参保群体的缴费积极性，引导和鼓励各类人员及早参保、长期参保和连续参保，确保养老保险基金收入稳定。养老保险制度的激励机制主要通过缴费与待遇挂钩的形式体现，因此，要逐步提高个人账户比例，加强缴费水平与预期收益之间的关联性，完善异地转移接续办法，充分展现养老保险制度的激励机制。特别是，从城乡居民基本养老保险制度的缴费实践来看，大多数城乡居民在参保时都会选择金额较低的缴费档次。其主要原因在于，基本养老保险制度缴费激励机制本身缺少较强的吸引力，不能够有效满足参保人的实际需求。尽管对于不同的缴费档次都设置了一定的财政资金补贴[①]，能

---

① 根据《内蒙古自治区人民政府关于进一步完善城乡居民基本养老保险制度的意见》，城乡居民基本养老保险制度提高个人缴费档次，设置100~3000元的13个档次，通过多缴多得以及高缴费档次对应较高的政府补贴标准的激励机制，鼓励参保者选择更高的缴费档次，确保城乡居民基本养老保险基金收入来源。

够在一定程度上反映出对于高标准缴费的财政支持和激励,但是实际激励效果非常有限。要想有效维护养老保险参保人多缴的意愿,还应当从根本上提升养老保险金的预期收益水平。通过调整基本养老保险参保人的个人账户养老金计发系数,激励参保人多缴、长缴,保证基本养老保险基金的收入稳定。

2. 通过有效的监督,避免参保单位拖欠基本养老保险费

由于我国一直以来都以社会保险费的形式收缴,因而缺乏法律强制力,内蒙古自治区参保单位拖欠基本养老保险费的情况较为突出。针对该情形,可将拖欠基本养老保险费的参保单位名单公布于内蒙古自治区人力资源和社会保障厅网站,并与相关税收优惠政策等挂钩,如果出现恶意拖欠基本养老保险费的情况,将取消相关税收优惠政策,增加惩罚力度,减少参保单位恶意拖欠基本养老保险费的现象,保证基金的收入稳定。

(二) 采取多种渠道,稳步提高养老金待遇水平

1. 确立基本养老保险待遇调整长效机制,稳步提高养老金待遇水平

基本养老保险制度应遵循权利与义务对应的原则,在完善激励和约束机制的基础上,根据经济发展、收入水平和物价变动情况,适时调整基础养老金最低标准,是确保老年群体共享经济发展成果的重要体现。内蒙古自治区虽然已经实现了企业退休职工养老金待遇水平的"十一连跳",但是缺乏基本养老保险待遇调整的长效机制,不利于养老保险基金的有效管理。应尽快确定养老金正常调整的时间间隔(一年或两年)、调整幅度、各级财政分担比例等细节,考虑不同群体间的收入分配差距,形成一个长效联动机制,为基本养老保险基金的筹资管理、投资管理提供基础。

2. 积极开展农村牧区土地确权工作

基于农村牧区实际情况,在国家农村土地制度改革的同时,内蒙古自治区应尽快完成农村牧区土地确权工作,以此作为提高农村牧区老年人口生活水平的辅助保障。因为,随着城镇化进程的加快,内蒙古自治区农村牧区出现了较多的留守老人,农村牧区土地确权后,通过耕地和草场的有效流转可以有效提高老年人口的养老水平,成为多层次养老保险体系的重要组成部分。

(三) 寻求多种方式,逐步解决个人账户"空账运行"问题

养老保险个人账户"空账运行"是我国养老保险制度改革过程中呈现的隐性债务问题。2001年国家开始以试点形式推行做实个人账户以来,已经有13个省份先后成为试点地区,逐步做实个人账户。在内蒙古自治区没有成为试点省份的前提下,应该考虑采用多种途径逐步解决"空账运行"问题,为今后人口老

龄化高峰期缓解养老金支付压力做好充足的准备。

第一,"空账"问题不能采用制度内消化的方式来解决,需要通过制度外的途径来解决。也就是说,不能通过养老保险制度本身去补偿,只能通过外在渠道,例如政府财政补贴、变卖国有资产等途径逐步弥补。

第二,综合采用筹资、减支、增值等多种途径来偿还养老金隐性债务,即偿还隐性债务是多种途径的组合,而不能只依靠一种途径。在综合考虑内蒙古自治区经济发展及政府财政实力的情况下,可以考虑借鉴瑞典的模式,建立名义个人账户,让个人账户中的资金与日后的受益相关联。

(四) 建立具有地区特色的多层次养老保险制度

一个健康的养老保险体系应该由社会养老保险、企业年金、商业保险共同组成,其中社会保险提供最基本保障。与我国社会保险占"大头"的情况不同,美国的养老保险体系中40%是由社会保险负担,40%依靠企业年金,20%依靠个人购买商业保险。世界上167个实行养老保险制度的国家中,有1/3以上国家的企业年金制度覆盖了约1/3的劳动人口,丹麦、法国、瑞士的企业年金制度覆盖率几乎达到100%,英国、美国、加拿大等国家也在50%左右。在很多发达国家中,企业年金制度已经作为法律强制的养老保险制度得到全面推广,个人购买商业养老保险则可以享受较大幅度的税收优惠和政策鼓励。而在我国,参加城镇职工基本养老保险的3亿人中,仅有5%的参保人员同时拥有企业年金保障。因此,在人口老龄化的大背景下,内蒙古自治区应着手建立具有地区特色的多层次养老保险制度。

1. 从政策上给予扶持,适当降低企业养老保险负担

对于内蒙古自治区补充养老保险制度发展缓慢的问题,应该从政策上给予扶持,适当降低企业养老保险负担,为补充养老保险制度发展提供更为广阔的空间。长期以来,中国社会保险缴费水平处于较高水平。根据白重恩教授的测算,中国五项社会保险法定缴费之和相当于工资水平的40%,是全球181个国家中最高的,是"金砖四国"(BRICs)其他三国平均水平的2倍,是以高福利著称的"北欧五国"的3倍。如果与东亚其他国家相比较,我国社会保险费率是东亚邻国的4.6倍。因此,应适当降低基本养老保险基金缴费水平,通过减轻企业负担,为企业年金制度的顺利发展提供基本条件。

2. 鼓励有条件的参保者积极参与商业养老保险制度

引导人们转变养老观念,鼓励有条件的参保者积极参与商业养老保险制度。美国战略与国家研究中心发布的东南亚地区养老和退休报告显示,我国有63%的居民认为退休养老要靠政府,仅有9%的居民认为退休自己负责。在我国,个

人购买商业养老保险的更是寥寥无几，中国人均长期寿险保单持有量仅为0.1份，远低于发达国家1.5份以上的水平。因此，建立以基本养老保险制度为基础，以企业年金和职业年金为补充，以商业养老保险制度为辅助的多层次养老保险体系，是内蒙古自治区积极应对人口老龄化、进一步完善养老保险体系的重要措施。

（五）加快基本养老保险制度信息化建设

养老保险制度的信息化建设是基本养老保险制度有效运转的重要保障。因此，应投入必要的人力、物力，加快养老保险制度信息化建设。按照金保工程"数据向上集中，服务向下延伸"的原则，积极推进基本养老保险基层公共服务平台的信息化建设，将基本养老保险信息系统的末端通过专网一直延伸到街道、社区和苏木乡镇、嘎查村，实现基层公共服务平台的信息化、网络化。

另外，通过数据向上集中，提高统计数据采集、汇总效率，做到相关数据资料透明、公开。内蒙古自治区人力资源和社会保障厅会同相关部门，将基本养老保险相关数据资料及时、准确地向社会公众公布，确保公众的知情权及监督权。

（六）加强基本养老保险制度法制建设

在全面贯彻落实国家关于基本养老保险制度相关法律法规的同时，结合内蒙古自治区实际情况，研究制定与国家政策相配套的关于基本养老保险制度的规章制度。从基本养老保险制度的筹集管理、投资管理、支付管理、监督管理以及异地转移接续等各个环节都要做到有法可依。

（七）加强基本养老保险制度建设的宣传力度

坚持正确的舆论导向，创新宣传形式，加大宣传投入，增强宣传实效，动员全社会关心、理解和支持养老保险事业，营造有利于促进养老保险事业健康发展的舆论环境。通过全面、准确地宣传解读政策，正确把握舆论导向，注重运用通俗易懂的语言和群众易于接受的方式，深入基层开展宣传活动，引导人民群众更新养老观念，强化参保意识，不断完善基本养老保险制度。

第六章

内蒙古自治区基本医疗保险制度运行态势

基本医疗保险制度是我国政府改善民生的一项重要决策,也是我国基本医疗卫生制度的重要组成部分,它在维护社会稳定和谐、发展经济、保障人民群众身心健康、减轻劳动者医疗费用、提高国民素质等方面发挥着巨大作用。内蒙古自治区基本医疗保险制度经过几十年的改革,取得了一定的成绩,也存在很多问题急需解决。

一、内蒙古自治区基本医疗保险制度发展现状

近年来,随着扎实推进全民医疗保险体系建设,内蒙古自治区基本医疗保险覆盖面继续扩大,基本医疗保险统筹和即时结报工作取得新进展。同时,城乡居民大病保险全面开展,医疗保险支付制度不断深化改革,盟市级统筹不断完善,基金抗风险能力逐步提高,基本实现了应保尽保的目标。

(一) 基本医疗保险制度实现了制度全覆盖,参保人数不断增加

如图 6-1 所示,截至 2014 年底,内蒙古自治区参加城镇基本医疗保险人数为 998.1 万人,比 2013 年增加 11.9 万人。其中:参加城镇职工基本医疗保险的人数为 470.7 万人,比 2013 年末增加 6.2 万人;参加城镇居民基本医疗保险的人数为 527.4 万人,比 2013 年末增加 5.7 万人。在城镇职工基本医疗保险参保人数中,参保职工 330.0 万人,比 2013 年末增加 7.31 万人,参保退休人员 134.5 万人,比 2013 年增加 2.09 万人。另外,101 个县(市、区)全部实施了新型农村合作医疗制度,参合人数为 1289.3 万人,比 2013 年增加 27.8 万人。城镇职工医疗保险和城镇居民医疗保险的参保率为 98.5%,新农合的参合率为 97%,均超额完成国家任务要求。目前,城镇基本医疗保险覆盖全体城镇户籍人口,从新出生的婴儿到耄耋老人都可以参保。

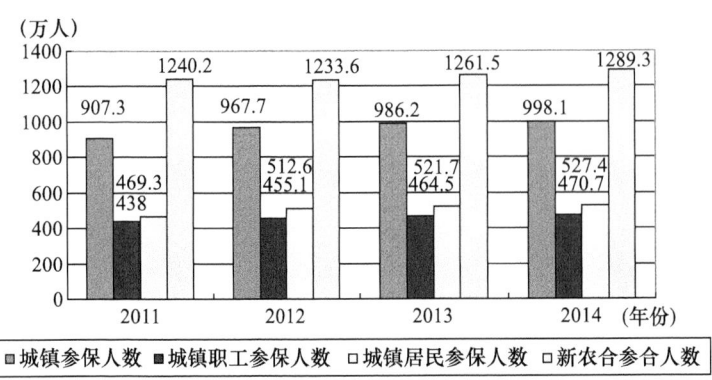

图 6-1 2011~2014 年内蒙古自治区基本医疗保险参保人数

(二) 基本医疗保险筹资水平逐年提高

城镇职工基本医疗保险的筹资主要来源于用人单位和职工本人的缴费,城镇居民医疗保险和新型农村合作医疗制度的筹资都是由各级政府的财政补助和个人

缴费构成。

1. 城镇职工基本医疗保险基金的筹资水平逐年提高

随着基本医疗保险覆盖范围的扩大，城镇职工基本医疗保险基金的筹资水平逐年提高。如图6-2所示，2013年城镇职工基本医疗保险年人均筹资额为28589.9元，比2010年增长了73.58%。另外，2014年10月27日，内蒙古自治区人民政府办公厅印发《内蒙古本级职工基本医疗保险管理办法》等五个通知，明确规定，参保单位以上年度职工工资总额为基数，按7%缴纳基本医疗保险费，参保单位缴费率比以往高出1个百分点，内蒙古自治区本级职工基本医疗保险费的筹资水平进一步提高。

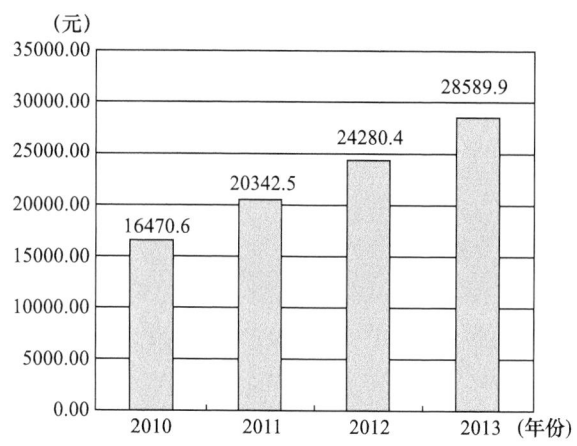

图6-2　2010～2013年内蒙古自治区城镇职工基本医疗保险基金额年人均筹资额

2. 城乡居民基本医疗保险的财政补助水平逐年提高

由表6-1可知，2013年内蒙古自治区城镇居民医疗保险和新型农村合作医疗制度的财政补助部分都由2012年的240元提高到280元，人均筹资额分别由2010年的194.3元和157.6元提高到2013年的337.4元和374.3元。2014年，城镇居民医疗保险和新农合人均筹资均达到390元，其中政府补助达到每人每年320元。自治区对农牧业人口在6万人以下的牧业旗县额外人均增加20元补助。同时，城镇居民大病保险采取与商业保险公司合作的形式，主要解决城镇居民医保参保患者罹患重特大疾病后个人负担较重的问题。其资金来源于城镇居民基本医疗保险上一年度的结余，个人不再缴费，按人均筹资额度的5%筹集，每人每年20元左右。

表6-1 2010~2013年内蒙古城乡居民医疗保险筹资情况

单位：元/年

年份	城镇居民医疗保险		新型农村合作医疗	
	财政补助	人均筹资	财政补助	人均筹资
2010	120	194.3	120	157.6
2011	200	225.9	200	246.4
2012	240	300.4	240	308.3
2013	280	337.4	280	374.3

数据来源：根据《中国劳动统计年鉴》（2014）计算整理得出。

（三）基本医疗保险待遇水平稳步提高

1. 三大基本医疗保险最高支付限额进一步提高

内蒙古自治区12个盟市和满洲里市、二连浩特市的城镇职工和居民医疗保险最高支付限额已全部提高到当地职工工资总额和居民可支配收入的6倍以上。

新型农村合作医疗对部分重大疾病（儿童先天性心脏病、儿童白血病、重性精神病）的最高支付限额进一步提高。据相关数据，儿童先心病的补偿最高限额由2.5万元增加到3万元，新增的儿童复杂先心病最高限额为5万元；儿童白血病在急性淋巴细胞白血病和急性粒性白血病基础上扩大为急性淋巴细胞白血病、急性非淋巴细胞白血病，即包括了所有的儿童急性白血病，且补偿标准从最高12万元调整到最高15万元。

2. 城乡居民基本医疗保险的住院医疗费用报销比例有所提高

据《内蒙古自治区人力资源与社会保障事业统计公报》，城镇居民参保人员住院费用社会统筹基金报销比例由2012年的70.9%提高到2013年的71%。新型农村合作医疗制度对部分重大疾病的报销比例由70%提高到80%。2014年，内蒙古自治区城镇职工医疗保险政策内住院费用平均报销比例为83.88%；居民医疗保险政策内住院费用平均报销比例为71%，实际报销比例达到61%。在全国排在前10位，普遍高于周边省区。新农合政策范围内住院费用报销比例达到75%，实际报销比例达到51%。

3. 全面开展城镇居民大病保险工作

全面开展了城镇居民大病保险工作，切实增强了对重特大疾病的保障能力。内蒙古自治区12个基本医疗保险统筹地区出台了城镇居民大病保险政策，其中5个地区已开始兑现大病保险待遇。截至2014年底，内蒙古自治区城乡居民大病保险参保人数达到1095万人，累计受益人数63133人；城镇居民大病报销比例平均水平达到58%，个别盟市的个别段位已达到90%。内蒙古自治区大部分盟市未设起付线，设起付线的地区大部分在7000～15000元，而且乌兰察布市、鄂尔多斯市等四个盟市未设封顶线。

4.《基本医疗保险药品目录》进一步扩大

根据"中西蒙医并重"的原则，结合因地制宜、因时制宜的特点，内蒙古自治区新医保目录遴选扩大了中药、蒙药品种范围，提高中药、蒙药在目录中的比重。这充分说明，在现有的医保支付能力下，内蒙古自治区优化了中药、西药、蒙药资源配置，在新医保目录突出了中药、蒙医药特色和优势，使内蒙古自治区药品目录更加趋于合理化。

目前，内蒙古自治区医疗保险《报销药品目录》由西药、中成药、民族药和中药饮片4部分组成。《药品目录》所载药品共计1988个品种，其中西药1052种、中成药720种、民族药216种。二级及以上医疗卫生机构用准入法，可报销药品1988种。甲类药品和"国家基本药物"、"常用低价药"全额列入报销基数，其中，国家基本药物可在各定点医疗卫生机构原报销比例基础上提高10%报销，民族药（蒙药）在原报销比例基础上提高15%。乙类药品按90%纳入报销基数。

5. 统筹层次逐步提高，实施了即时结算报销制度

2014年，内蒙古自治区12个盟市和满洲里市、二连浩特市全部实行了盟市级统筹，实现了医保筹资方式统一、补偿政策统一、基金管理统一和服务监管统一，盟市内参保人员看病享受同等待遇。

2014年，内蒙古自治区开展国家级医保结算平台建设试点工作，支持各统筹地区医保经办机构探索通过自主协商、委托商业保险经办等方式，重点解决异地居住退休人员、转诊转院重大疾病患者等群体的跨省（区、市）异地就医即时结算问题。截至年底，所有城镇居民医疗保险统筹地区和81.6%的新农合统筹地区实现了盟市内异地就医即时结算报销。

(四) 医疗保险基金收支规模及累计结余增长迅速

医疗保险基金是老百姓的救命钱，是医疗保险事业发展的物质基础。这些年，随着医疗保险的迅速扩面以及职工和居民收入水平的提高，内蒙古自治区基本医疗保险基金收入出现了大幅度增加。与此同时，医疗保险基金支出随着领取人数的增加和待遇水平的提高而不断增大。由于每年医疗保险基金的收入大于支出，基金滚存结余也在不断增加。

1. 城镇基本医疗保险基金收支规模及累计结余逐年增长

如表6-2所示，到2013年底，城镇职工基本医疗保险基金收入为132.8亿

元，比2010年增加61.4亿元，城镇职工基本医疗保险金支出为114.4亿元，比2010年增加55.7亿元，城镇职工基本医疗保险基金的累计结余为126.9亿元，比2010年增加46.7亿元。其中，基金收入从2010年到2013年年均增长率为23.0%，而基金支出从2010年到2013年年均增长率为24.9%，基金结余从2010年到2013年年均增长率为16.5%。另外，城镇居民基本医疗保险基金收支及结余也在逐年增加，2010年到2013年收入、支出及结余年均增长率分别为26.0%、37.5%、31.9%。很明显，城镇基本医疗保险基金收入增长速度低于基金支出增长速度。

表6-2 2010~2013内蒙古自治区城镇基本医疗保险基金收支及累计结余情况

年份	城镇职工基本医疗保险（亿元）			城镇居民基本医疗保险（亿元）		
	收入	支出	累计结余	收入	支出	累计结余
2010	71.4	58.7	80.2	8.8	5.5	7.4
2011	89.1	77	92.3	10.6	8.4	9.6
2012	110.5	94.9	108.5	15.4	11.3	13.6
2013	132.8	114.4	126.9	17.6	14.3	17

数据来源：《内蒙古自治区人力资源与社会保障事业发展统计公报》（2010~2013），内蒙古自治区人民政府网站（http://www.nmg.gov.cn/）。

2. 新型农村合作医疗基金收支规模逐年增加

如表6-3所示，2010~2013年新型农村合作医疗收入和支出逐年增加，收入年均增长率为35.12%，支出年均增长率为34.84%。可见，新型农村合作医疗基金收入和支出呈现出同步增长的趋势，每年基金都有结余，且使用率较高，2013年基金使用率达到96.9%。

表6-3 2010~2013年内蒙古自治区新农合医疗收支及结余情况

单位：亿元

年份	新农合医疗收入	新农合医疗支出	当年结余
2010	19.14	18.66	0.48
2011	30.56	25.65	4.91
2012	38.03	35.65	2.38
2013	47.22	45.75	1.47

数据来源：内蒙古统计年鉴（2014）[M]．中国统计出版社．

（五）积极推进医疗保险付费方式改革，完善医疗费用结算管理办法

按照《人力资源社会保障部关于进一步推进医疗保险付费方式改革的意见》

（人社部发〔2011〕63号）和《人力资源社会保障部、财政部、卫生部关于开展基本医疗保险付费总额控制的意见》（人社部发〔2012〕70号），加大改革力度，加快改革步伐，全面推进按人头付费、按病种付费和总额控制等复合付费方式，切实控制医疗费用过快增长。内蒙古自治区的乌海市、赤峰市等地积极推行总额控制下的按人头、按病种等付费方式，取代原有按服务项目为主的付费方式，有效防止了"过度医疗"现象的发生。2014年，内蒙古自治区又进一步扩大了按病种付费结算和付费总额控制试点，在试点基础上总额付费方式已推广到17家定点医疗机构。

二、内蒙古自治区基本医疗保险制度发展面临的问题

随着基本医疗保险制度改革的不断深入、全民医疗保险制度的建立，内蒙古自治区基本医疗保险制度改革取得了一定的成就，但仍然存在着一些亟待解决的问题，特别是改革中存在的一些深层次问题也逐渐显现出来。

（一）基本实现了制度全覆盖，但尚未实现人群全覆盖

内蒙古自治区医疗保险制度已在制度上覆盖了所有的人群，但目前还有一部分人游离在制度保障之外，并没有实现全覆盖。

如表6-4所示，内蒙古自治区2010~2014年城镇职工基本医疗保险制度的覆盖率呈逐年下降的趋势，由2010年的93.22%下降到2014年的63.55%，而城乡居民医疗保险制度的覆盖率虽然逐年上升，但城镇居民医疗保险制度的覆盖率到2014年底只有70.3%。只有新型农村合作医疗制度的覆盖率逐年上升且与制度目标最接近，到2013年底已达到97%。出现这种现象的原因：一是应保未保，在城镇职工基本医疗保险中，小微企业、私营企业的参保率偏低。按人群划分，城镇外来务工人员参加城镇职工保险的比例偏低。在城乡居民医疗保险中，一部分青壮年的参保积极性不高。二是由于三种医疗保险制度相互分割，所以存在重复参保现象，如一部分来自农村的高校学生，既参加了新型农村合作医疗保险，又参加了城镇居民基本医疗保险，还有户籍在内蒙古自治区的部分农民工，既参加了城镇职工基本医疗保险，又参加了新型农村合作医疗保险。

表6-4　2010~2014年内蒙古自治区三大基本医疗保险参保率

单位：%

年份	城镇职工参保率	城镇居民参保率	参合率	总参保率
2010	93.22	49.83	92.76	84.98
2011	85.63	52.50	94.03	86.53

续表

年份	城镇职工参保率	城镇居民参保率	参合率	总参保率
2012	81.47	58.30	94.3	88.41
2013	74.92	61.70	97	89.99
2014	63.55	70.30	—	91.30

数据来源：根据《内蒙古统计年鉴》（2014）和《内蒙古自治区2014年国民经济和社会发展统计公报》计算整理得出。

（二）医疗费用增长过快，超过患者支付能力

如表6-5所示，2010年内蒙古城镇基本医疗保险基金支出为64.2亿元，到2013年增长为128.7亿元，短短4年时间增长了2倍，超过了同期城镇居民可支配收入的增幅。另外，2010年新型农村合作医疗基金支出为18.66亿元，到2013年增长为45.76亿元，短短4年时间增长了2倍还多，而同期农村牧区居民可支配收入从2010年的5530元增长为2013年的8596元，新型农村合作医疗基金支出的增长明显远远超过同期农村牧区居民可支配收入的增长。以上数据表明，参加城镇基本医疗保险和新型农村合作医疗制度的参保人员看病越来越贵了，已超出了广大人民群众的经济承受范围，同时也远远超过内蒙古自治区生产总值的增长幅度。可见，现行的医疗保险制度并没有有效地限制医疗费用的过快增长，致使广大人民出现就医难的局面。

表6-5 2010~2013年内蒙古自治区城乡医疗保险支出与城乡居民可支配收入的变动关系

年份	城镇医疗保险基金支出（亿元）	新农合医疗保险支出（亿元）	城镇居民可支配收入（元）	农村牧区居民可支配收入（元）	全区生产总值（亿元）
2010	64.2	18.66	17698	5530	11672
2011	85.4	25.65	20408	6642	14246.11
2012	106.2	35.61	23150	7611	15988.34
2013	128.7	45.76	25497	8596	16832.38

数据来源：《内蒙古自治区2011~2014年国民经济和社会发展统计公报》和《内蒙古自治区人力资源和社会保障事业发展统计公报》（2010~2013）。

（三）基本医疗保险制度的统筹层次较低

1999年6月21日内蒙古自治区人民政府发布了《内蒙古建立城镇职工基本

医疗保险制度实施意见》，规定"基本医疗保险统筹层次原则上以盟市为统筹单位，也可以旗县为统筹单位，呼和浩特市、包头市、乌海市原则上在全市范围内实行统筹"。2003年，内蒙古自治区人民政府发布《内蒙古新型农村牧区合作医疗管理暂行办法》，规定"合作医疗制度采取以旗县为单位进行统筹。条件不具备的地方，在起步阶段可先采取以苏木乡镇为单位进行统筹，逐步向旗县统筹过渡"。也就是说内蒙古自治区大多数地区实行的是旗县级统筹。直到2011年，内蒙古自治区12盟市的新型农村合作医疗制度开始全部推行盟市级统筹，截至2014年底，12个盟市的城镇职工和居民基本医疗保险制度实现了市级统筹。这说明，内蒙古自治区三大医疗保险制度的统筹层次低，导致内蒙古自治区基本医疗保险制度的风险分担、互助共济功能比较差，也导致异地就医转移接续和费用监管比较难。

（四）城镇基本医疗保险基金大量结余与使用效率低下问题共存

自内蒙古自治区城镇职工基本医疗保险制度建立以来，医疗保险基金几乎每年都有结余。如表6-6所示，2002年，基金的累计结余达到6.4亿元，已经超过了基金的当年支出，累计结余足可支付14.5个月。到2010年底，基金累计结余达到80.2亿元，其中统筹基金累计结余54.6亿元，个人账户累计结余25.6亿元。到2013年底，基金累计结余达到126.9亿元（统筹基金73.8亿元，个人账户53.1亿元）。在结余额中，个人账户所占的比例在逐年上升，由2010年占结余资金的31.92%增加到2013年的41.84%，10多年的时间城镇职工基本医疗保险基金累计结余增长了将近20倍，而当年基金支出也仅为114.4亿元。也就是说，城镇职工基本医疗保险基金即使没有收入，也已经足够支付13.3个月。

表6-6 2002~2013年内蒙古自治区城镇职工基本医疗保险基金收支及结余情况

年份	基金收入（亿元）	基金支出（亿元）	累计结余（亿元）	其中：统筹账户（亿元）	其中：个人账户（亿元）	累计结余可用月数
2002	8.1	5.3	6.4	—	—	14.5
2010	71.4	58.7	80.2	54.6	25.6	16.4
2011	89.1	77	92.3	62.8	29.5	14.4
2012	110.5	94.9	108.2	67.2	41.2	13.7
2013	132.8	114.4	126.9	73.8	53.1	13.3

数据来源：内蒙古统计年鉴（2014）[M]．中国统计出版社．

同样,城镇居民基本医疗保险基金存在大量结余。如表 6-7 所示,2010 年底累计结余额为 7.4 亿元,到 2013 年底累计结余额达 17 亿元,短短 4 年时间增长了 2 倍还多,在无收入的情况下,还可支付 14.3 个月之多。

表 6-7 2010~2013 年城镇居民基本医疗保险基金的收支及结余情况

年份	基金收入(亿元)	基金支出(亿元)	累计结余(亿元)	累计结余可用月数
2010	8.80	5.50	7.40	16.1
2011	10.6	8.40	9.60	13.7
2012	15.4	11.3	13.6	14.4
2013	17.6	14.3	17.0	14.3

数据来源:《中国统计年鉴》(2014)和《中国劳动统计年鉴》(2014)。

这显然与"收支平衡,略有结余"的医疗保险基金管理原则有出入。医疗保险基金(其中城镇职工基本医疗保险比较特殊)尤其是统筹基金的大量结余在医疗保险制度建立之初有利于维护制度的稳定性,但是长此以往,就会损害参保人的利益,降低基金使用效率。因为统筹基金的大量结余是以参保人待遇的降低为代价的,而个人账户的大量结余意味着个人账户资金的贬值风险加大。目前社会统筹基金大量结余的主要原因是由于各统筹地区的规模较小,多数旗县级统筹仅覆盖几万人,在风险池过小的情况下,为了避免出险,医疗保险管理机构不得不加大结余额度。而个人账户资金大量结余的主要原因在于个人账户的使用范围有限。因此,提高统筹层次或者建立地区间的风险调剂金以及扩大个人账户使用范围,是解决基金大量结余和使用效率低下问题共存的关键措施。

(五) 对医疗服务提供方的有效制约和费用控制机制尚未建立

自基本医疗保险制度建立以来,内蒙古自治区各地积极探索有效的医疗保险付费方式,在保障参保人员权益、规范医疗服务行为、控制医疗费用增长和促进医疗机构发展等方面发挥了重要作用。但在第三方付费机制中,即使定点医疗机构采取的补偿机制是按单病种付费,医疗服务机构为了生存,也人为地进行诊断升级和分解住院等对策,导致医院的管理成本上升。另外,平均定额的支付方法过于简单粗糙,缺乏医技含量,简单地平均计费和后付制的平均定额难以达到激励医院提高效率、主动参与降低成本的作用,从而导致医疗费用的不合理增长。

目前在医疗保险付费方式改革方面遇到的主要问题:一个是由于公立医院改革没有实质性突破,使医疗保险付费方式改革遇到的阻力很大。另一个就是医疗服务价格以及药品价格形成机制问题。

(六) 基本医疗保险制度有失公平

目前,针对不同人群设立的城镇职工基本医疗保险、城镇居民基本医疗保险和新型农村合作医疗三项制度,体现出明显的城乡分割、地区分割、人群分割、管理分割特点(王延中,2014)。这说明,在制度层面基本医疗保险制度存在严重的碎片化现象。这种制度的碎片化,导致参保人的缴费水平和待遇水平有差异,有失公平。

三、内蒙古自治区基本医疗保险制度发展机制的优化路径

内蒙古自治区基本医疗保险制度实施以来,在减轻居民医疗负担、保障居民健康方面发挥了积极作用。但内蒙古自治区基本医疗保险制度在筹资水平、待遇补偿、城乡统筹发展等方面还需进一步完善。

(一) 提高基本医疗保险制度统筹层次

目前,内蒙古自治区城镇职工、城镇居民基本医疗保险和新型农村合作医疗制度的统筹层次已实现市级统筹。确定基本医疗保险统筹层次时,既要考虑基金的互助共济和抗御风险能力,提高社会管理服务水平,又要考虑到地区间经济发展和医疗消费水平的差异。因此,内蒙古自治区三大基本医疗保险制度可以分别由市级统筹逐步过渡到自治区级统筹。统筹层次提高到自治区级统筹之后,确定缴费的比例就可以在自治区级范围内进行测算,这样有利于针对不同人群的医疗保险政策在自治区级的统一。实现自治区不同群体的基本医疗保险政策统一,有效规避自治区范围内各个地区各自为政的情况,避免碎片化的制度造成过度结余;基金可以在更大的范围内实现调剂,分散风险,有利于基金结余处于合理的范围内;地方政府和部门对三大医疗保险制度的干扰将大大减少,基金的收缴和使用的效率也会大大增强。

(二) 加强医疗保险基金预算管理,推进基本医疗保险付费总额控制制度

充分发挥基本医疗保险的基础性作用,强化医保基金收支预算。选择与内蒙古自治区医疗保险和卫生管理现状相匹配的付费方式,不断提高医疗保险付费方式的科学性,提高基金绩效和管理效率。积极推行以按病种付费为主,结合按人头付费、按服务单元付费等的复合型付费方式。支付方式改革要覆盖所有旗县和城市区域内所有公立医院,并逐步覆盖所有医疗服务。建立和完善医保经办机构和定点医疗机构之间的谈判协商机制与风险分担机制。全面加强付费总额控制,

控制基本医疗保障范围外的医药服务。同时建立医保个人账户诚信档案,严厉查处套取骗取医保基金等行为。

(三) 健全重特大疾病医疗保险制度,提高医疗保障水平

近几年,内蒙古自治区各项医疗保险制度的封顶线标准都在不断提高,报销比例也在不断提高,在很大程度上保障了参保人的基本医疗需要。但是,对于重特大疾病,如费用超过封顶线部分,个人依然难以负担。为此,需要建立健全重特大疾病保险制度以保障人们的医疗需求,切实解决老百姓看不起病、因病致贫、因病返贫的情况。

(四) 完善基本医疗保险关系转移接续办法

目前,医疗保险关系还没有实现与基本养老保险关系的同步转移接续,这也为今后职工临退休时再次办理转移接续业务留下隐患。对此,需要进一步完善医疗保险关系转移接续办法。比如对于接纳医疗保险关系转入人员年龄比较大、数量比较多的地区,可以考虑从国家角度给予一定的资金调剂与补助,以减轻接受地的负担。另外,也可以从完善制度角度出发,考虑取消退休人员享受城镇职工基本医疗保险缴费年限的规定,而辅以退休人员也要缴费的做法,从而有利于从根本上解决医疗保险关系转移接续问题。

(五) 逐步建立社区首诊制、双向转诊制

社区首诊要求参保人患病后,首先在本人的医疗保险社区定点单位就诊,由社区全科医生根据病情,对需要转诊的病人审核签字后,办理转诊登记手续,这个制度能有效地分流综合医院的病患。为了鼓励患者遵循社区首诊制度,要在医疗保险资金和财政投入上对社区卫生机构有所倾斜,提高报销比例;反之,如果参保人未经定点社区医疗机构批准,除急诊、抢救直接住院治疗外,转院就诊发生的个别医疗费用,则不能享受医疗保险优惠待遇。通过这些激励制度,使社区医疗机构与综合性医院连接起来,肩负起基本医疗保险守门人的作用。对患者进行分流,提高社区医疗机构的利用率,降低医疗保险基金的滥用,优化医疗卫生资源配置,使有限的医疗保险基金发挥更大的保障作用,真正实现医疗保险"保基本、强基层、建机制"的目标。

(六) 优化城镇职工基本医疗保险个人账户的设计

在社会统筹和个人账户相结合的医疗保险制度下,统筹基金和个人账户各自扮演不同的角色,相互补充,发挥分散医疗风险的作用。医疗保险的个人账户的

设计也受到争议，不论个人账户是否合理，个人账户的大量结余是客观存在的。由于个人账户是纵向积累，大量结余是正常的，当然也可以对个人账户进行优化设计，通过扩大个人账户的使用范围，更好地发挥个人账户基金的使用效率。

在个人账户的运作过程中，要使个人账户的使用范围扩大。如广东省珠海市2008年9月4日开始率先对职工个人账户的使用范围进行了改革：将职工个人账户使用范围扩大到职工的家庭成员，包括其父母、子女和配偶均可以使用。职工本人或其家庭成员可以在定点门诊机构就医，定点药店所发生的符合政策规定的费用均可以使用个人账户的资金。让个人账户从以前的"个人账户"转变成"家庭账户"。个人账户中资金不再仅限于职工用于个人门诊、购药的消费支出，而是开始在职工的家庭成员中调剂使用。这样，大大加强个人账户的使用效率，减少个人账户资金沉淀。此外，要考虑不同年龄阶段对个人账户的需求不同，针对老年人的患病概率较高问题，在设计个人账户制度时，要多照顾老年人的需求，保障弱势群体的权利。

建立医疗保险的最终目的不仅是在参保人生病时给予帮助，更要帮助参保人减少疾病风险。在现代社会，医疗保健、疾病预防显得尤为重要。个人账户完全可以在疾病预防、医疗保健中给予参保人资金的支持。根据卫生部的调查，伴随着生活水平的不断提高，人民的寿命显著提高，但是患病原因也趋于复杂化。许多疾病与人们日常不合理的生活习惯有着密切关系。许多人得了老年的慢性病，与抽烟、酗酒以及不合理的营养搭配等日常生活不良习惯有密切关系，这些都可以通过医疗知识的普及来让人们更注重对自身身体健康的保养。医疗保险基金在医疗预防和医疗保健方面的积累作用，既可以提高人们的身体素质，又可以从根本上减少医疗费用的支出，因此，可以扩大个人账户的使用范围，个人账户基金可以用于支付预防、保健与健康教育等相关费用。

（七）提升医疗保险经办机构的专业化服务

医疗保险经办需要转向更加专业化的公共服务。医疗保险经办机构是政策的执行者，是参保人的代理人和基金的受托人。医疗保险经办机构专业能力的强弱，直接关系到医疗保险制度的实施和发展水平，以及医疗保险制度的可持续发展。经办机构的管理服务水平低，会导致医疗保险基金风险加大，参保人的权益得不到有效保障。

提升经办机构的专业化，一方面通过逐步引入多元社会力量承担经办机构的职能，以竞争促使专业化水准的提升。2009年《中共中央国务院关于深化医药卫生体制改革的意见》对医疗保险机构的改革提出"竞争"理念，要求"积极提倡以政府购买医疗保障服务的方式，探索委托具有资质的商业保险机构经办各类医疗保障管理服务"。这是未来医疗体制改革的方向之一。2009年出台的新医疗体制改革方案中还明确指出,要积极探索建立医疗保险经办机构与医疗机构、药品供应商的谈判机制,发挥医疗保障对医疗服务和药品费用的制约作用,有效的谈判机制更高度依赖于医疗保险经办机构专业管理能力的不断提高。

另一方面,经办机构的专业化,离不开经办人员的职业化和专业化。医疗保险经办机构需要为现有的医疗保险经办人员提供持续的职业培训,保证从业人员掌握相关的法律、财务、医药、信息网络知识,逐步建立相关的执业标准和专业要求。

第七章

内蒙古自治区失业保险制度运行态势

内蒙古自治区失业保险制度在保障失业人员基本生活，维护社会安定，深化企业改革，促进生产发展，维持劳动力再生产，促使劳动力素质提高等方面发挥了巨大作用。但随着经济发展进入新常态，产业结构调整日益加快，城市化水平不断提高，经济发展方式逐渐转变，出现了结构性失业、人口流动广泛化和就业形式多样化等新变化，失业保险制度建设有待完善。

一、内蒙古自治区失业保险制度发展现状

(一) 内蒙古自治区失业保险的参保人数增加

2014年,失业保险参保人数为236.3万人,比2013年增加了2.9万人,保持了以往的增加趋势。如图7-1、表7-1所示,2013年内蒙古自治区665.4万城镇就业人员中,失业保险参保人数比2012年增加了6000人,参保人数平均每年增加0.6个百分点。2013年有23.8万人进行了失业登记,在233.4万参保人中,2.3万人领取了失业保险待遇。2005~2013年城镇登记失业人数年均增长率为3.7%,城镇就业人数年均增长率为8.4%。

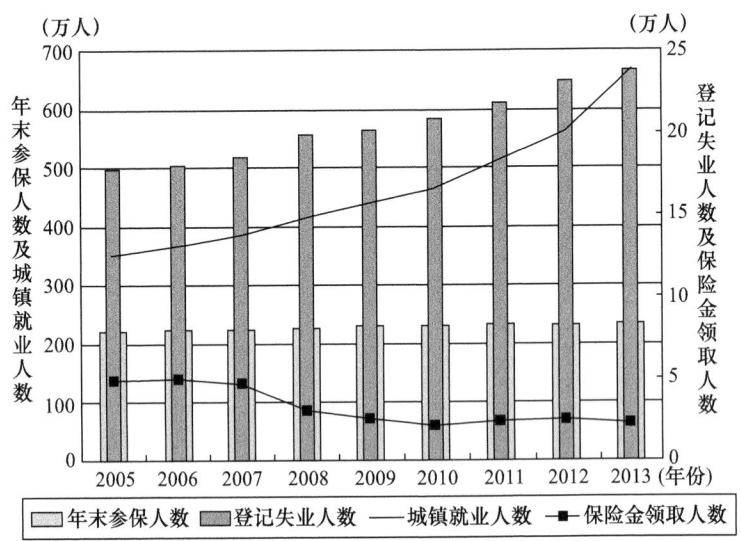

图7-1 2005~2013年内蒙古自治区失业保险基本情况

表7-1 2005~2013年内蒙古自治区失业保险参保人数与实际领取人数

年份	年末城镇就业人数(万人)	年末参加失业保险			城镇登记失业人数(万人)	年末领取失业保险金			
		人数(万人)	增长(%)	占城镇就业人数比例(%)		人数(万人)	增长(%)	占登记失业人数比例(%)	占参保人数比例(%)
2005	350.3	222.2	—	63.4	17.8	4.9	—	27.6	2.2
2006	365.0	223.5	0.59	62.8	18.0	5.0	10.0	27.8	2.2
2007	383.5	223.7	0.09	58.3	18.5	4.7	-6.0	25.5	2.1

第七章　内蒙古自治区失业保险制度运行态势

续表

年份	年末城镇就业人数（万人）	年末参加失业保险			城镇登记失业人数（万人）	年末领取失业保险金			
		人数（万人）	增长（%）	占城镇就业人数比例（%）		人数（万人）	增长（%）	占登记失业人数比例（%）	占参保人数比例（%）
2008	414.9	225.5	0.80	54.4	19.9	3.1	-34.0	15.6	1.4
2009	439.5	229.7	1.86	52.3	20.1	2.5	-19.4	12.4	1.1
2010	465.2	230.9	0.52	49.6	20.8	2.1	-16.0	10.1	0.9
2011	517.1	232.5	0.69	44.9	21.8	2.5	19.1	11.5	1.1
2012	562.6	232.8	0.13	41.4	23.1	2.5	0	10.8	1.1
2013	665.4	233.4	0.26	35.1	23.8	2.3	-8.0	9.7	1.0

数据来源：根据《内蒙古统计年鉴》（2014）计算整理得出。

（二）失业保险基金收支规模扩大

如表7-2所示，近年来内蒙古自治区失业保险基金收入、支出以及基金结余增长迅速；其中，失业保险基金收入由2005年的4.3亿元增至2013年的24.3亿元，年均增长率为22.7%；失业保险基金支出由2005年的2.7亿元增至2013年的5.3亿元，年均增长率为8.3%；基金累计结余额从2005年的7.3亿元激增至2013年的71.1亿元，年均增长率达33%。

表7-2　2005~2013年内蒙古自治区失业保险基金基本情况

单位：亿元

年份	基金收入		基金支出		基金累计结余	
	金额	增长率（%）	金额	增长率（%）	金额	增长率（%）
2005	4.3	—	2.7	—	7.3	—
2006	5.0	16.3	2.4	-11.1	9.9	35.6
2007	6.0	20.0	3.0	25.0	13.0	31.3
2008	7.6	26.7	3.2	6.7	17.4	33.8
2009	9.7	27.6	5.2	62.5	21.8	25.3
2010	11.6	19.6	4.7	-9.6	28.7	31.7
2011	15.0	29.3	5.8	23.4	37.9	32.1
2012	19.7	31.3	4.5	-22.4	53.1	40.1
2013	24.3	23.4	5.3	17.8	71.1	33.9

数据来源：根据《中国统计年鉴》，《中国劳动统计年鉴》（2014）计算整理得出。

(三) 失业保险水平提高

如表7-3所示,城镇企业职工失业保险金约年均递增50元,保持小幅增加态势,其中2013年增长率为5.5%。

表7-3 2011~2013年内蒙古自治区失业保险水平

单位:元/月

年份	失业保险金平均水平	人均增发额	增长率(%)
2011	819.9	10.0	—
2012	867.8	47.9	5.8
2013	915.7	47.9	5.5

数据来源:《内蒙古自治区人力资源和社会保障事业发展统计公报》(2011~2013)。

(四) 失业保险政策不断完善

1. 在保障失业人员基本生活方面政策得到完善

2011年,内蒙古自治区颁布《关于领取失业保险金人员参加职工基本医疗保险有关问题的通知》(内人社发〔2011〕231号),规定失业保险基金为正在领取失业保险金的失业人员代缴或报销医疗保险费,方便失业人员接续基本医疗保险关系,保障了失业人员参加医疗保险的权益。内蒙古自治区每年发布《调整全区失业保险金发放标准的通知》,建立了失业保险金标准和最低工资标准联动上调机制,逐年提高失业保险金标准,努力保证失业人员基本生活水平。

2. 在失业保险促进就业方面政策得到完善

2014年,失业保险基金对三类企业给予稳岗补贴,同时阶段性降低困难企业失业保险费缴费基数[1]。2015年落实了失业保险费率降低政策,将失业保险费率由3%降至2%,减轻企业和个人负担;扩大稳岗政策实施范围,将稳岗补贴用于职工生活补助、缴纳社会保险费、转岗培训和技能提升培训等支出,并规定稳岗政策执行至2020年底[2]。这些改革意味着失业保险制度对就业困难人员预防失业和促进就业的功能定位已正式变成一项政策加以落实,扩展了失业保险制度的内涵,丰富和完善了就业政策内容,在稳定就业岗位上取得了显著成效。

---

[1] 《内蒙古人民政府办公厅关于援助困难企业稳定就业岗位的意见》(内政办发〔2014〕89号)。
[2] 《内蒙古人民政府关于进一步做好新形势下就业创业工作的实施意见》(内政发〔2015〕103号)。

二、内蒙古自治区失业保险制度发展面临的问题

失业保险是社会保险体系的重要组成部分,与劳动者的切身利益紧密联系。内蒙古自治区失业保险制度实施以来,为保障失业人员基本生活,促进再就业,维护社会稳定做出了贡献。然而,随着社会经济发展和失业保险制度的深入实施,它在制度设计上的一些弊端显现出来,影响了失业保险功能的发挥。

(一)失业保险覆盖面过窄

内蒙古自治区参加失业保险的法定群体基本没有失业风险,而灵活就业人员、个体工商户、临时工等流动性极大的非正规就业群体失业风险高,却不能参加失业保险。

1. 灵活就业人员被排斥在失业保险制度外

由于内蒙古自治区城镇化进程不断加快,企业的用工方式和劳动者的就业方式与以往不同,灵活就业日益成为吸纳就业的重要途径。但现行的失业保险制度主要针对长期固定就业形式,其实质是城镇登记失业人口的收入保障制度,无论是参保资格还是待遇给付都以正规就业为先决条件,并未向灵活就业人员开放,所以目前绝大多数灵活就业劳动者被排除在失业保险制度保障范围之外。

2. 个体工商户及其雇工难以参保

《内蒙古自治区失业保险实施办法》未将个体工商户及其雇工纳入参保范围。事实上,个体工商户及其雇工管理起来较为困难,例如对个体工商户及其雇工参加失业保险的缴费基数难以界定,就业和失业手续难以管理,申请者是否符合法定领取资格的第二项,即"非因本人意愿导致的失业"难以判断。管理的难度成为个体工商户及其雇工参加失业保险的障碍。

3. 乡镇企业就业的劳动者未纳入失业保险制度之内

根据《内蒙古自治区失业保险实施办法》规定,只有城镇企业事业单位的职工才能够参加失业保险,从而享受失业保障,乡镇企业职工不在失业保险制度的覆盖范围内。

(二)失业保险制度实施中存在"不重合"问题

失业保险中的参保人群与受益人群处于不重合状态。如表7-1所示,在2013年的233.4万参保人中,仅有1%是受益群体;另外,受益人数逐年下降,2013年比2005年减少了2.6万人。这样,投入巨大的人力、物力、财力才得以组织实施的失业保险制度只为有限的1%群体服务,导致失业保险基金的不合理

增长，基金使用效率极低。造成"不重合"状态的原因：一是一些用人单位不愿开具终止或者解除劳动关系的证明，造成部分参保失业人员失去申领资格；二是部分失业保险条款执行困难也导致"不重合"问题。根据2014年《中国劳动统计年鉴》，仅有16.2%的失业群体是由于单位的原因失去工作，44.6%的失业原因是毕业后未就业以及个人选择不就业，还应考虑到企业如果想解除劳动合同，会采取各种挤压手段，如劝退、降工资、换岗位，并非采取直接解雇形式；而如果是被企业主动解除劳动合同，到其他公司再就业难度较大；这时很难分清是个人选择还是被动辞退。于是，很多情况下个人不得已提出辞职，如将其一并归因于"本人意愿"，与现实相去甚远。

（三）失业保险待遇及保障水平较低

内蒙古自治区失业保险金的标准按照低于当地最低工资，高于城市居民最低生活保障标准的水平确定，与参保者失业前的缴费工资并不相关。这一发放办法导致失业保险金的实际支付水平明显偏低。2013年，内蒙古自治区平均失业保险金仅为每月915.7元，相当于当年一类地区最低工资标准的68%，城镇非私营单位在岗职工月平均工资的22.6%。此外，失业保险待遇的支付也没有考虑到失业人员家庭赡养人口的特殊情况，致使失业保险待遇无法满足失业者的基本生活，只能维持脆弱的收支平衡。

（四）失业保险制度的就业促进功能较弱

1. 失业保险用于失业人员职业培训和职业介绍的资金有限

为了应付可能出现的高失业风险，保证失业人员待遇给付，失业保险基金用于支持再就业资金（职业培训和职业介绍的补贴）的比例较低，按照《内蒙古自治区失业保险实施办法》的规定，内蒙古自治区职业培训和职业介绍的补贴比例不得超过统筹地区上年度收缴失业保险费总额的15%。

2. 失业保险待遇支付模式难以激励失业者再就业

失业者成功再就业与失业保险金的支付方式有密切联系。内蒙古自治区失业保险金的支付模式分为一次性支付模式和固定支付加递减支付模式两种，即对失业的农牧民合同制工人适用一次性支付模式，而对于城镇企事业单位职工则适用固定支付加递减支付的模式。在这样的支付模式下，失业保险待遇不与失业者的缴费水平挂钩，不与在职时收入水平挂钩，而是随着缴费时间的增加延长领取期限并递减领取数额，但在每个领取年度内等额给付。在这个过程中，实际缴费水平高低之间的差别被待遇计发环节平均化。这种统一、固定的支付模式，不仅难以保证失业保险的公平性，还会抑制失业者积极搜寻就业机会，仅以失业保险金维持低水平的生活。

3. 失业保险待遇支付期限过长，延长失业者失业期限

较长的待遇支付期限，使失业者有更多的时间去寻找或等待更好的工作，从而降低了失业者工作搜寻强度，造成失业者长期失业，不利于失业者积极寻找就业机会。内蒙古自治区根据用人单位和本人累计缴费时间的长短，将失业保险金的支付期限划分为10个不同的等级，平均给付期限达到13个月，高于国际上6~12个月的平均期限。虽然没有对失业保险金实行无期限的给付，但较长的失业保险给付期限不利于失业者搜寻工作努力程度的提升。

（五）失业保险统筹层次偏低，造成条块分割状态

内蒙古自治区失业保险基金实行盟市级统筹，限制了失业保险应有的功能和作用的发挥。统筹层次低造成的不良影响包括：①降低了失业保险基金的整体抗风险能力，基金只能在很小的范围内互济，还造成各地在使用失业保险金上存在较大差异，使失业保险基金过于分散，不利于内蒙古自治区的统筹规划和集中使用。②统筹层次偏低还造成职业培训与介绍的条块分割，失业人员只能接受当地的用人信息及就业指导咨询，不能按照市场需求接受职业培训与介绍，难以获得合适的就业安置，影响失业人员再就业率的提高。③统筹层次低也限制了流动性强的群体在迁出地与迁入地之间的失业保险关系有序接转，不利于劳动力的自由流动。

（六）失业保险基金贬值风险大

按照《内蒙古自治区失业保险实施办法》的规定，存入银行和按照国家规定购买国债的失业保险基金，分别按照城乡居民同期存款利率和国债利息计息。

如表7-4所示，失业保险基金按照活期存款利率存入银行，收益远远不能弥补物价上涨带来的基金损失，失业保险基金贬值风险极大；失业保险基金按照一年期定存利率存入银行，近三年平均收益率为3.25%，而CPI的平均上涨幅度为3.9%，将失业保险基金存入银行难以弥补通货膨胀的风险。内蒙古自治区失业保险基金的大额结余存在着贬值风险，这是值得关注的"福利漏洞"。

表7-4 2005~2013年存款利率及内蒙古自治区居民消费价格指数

单位：%

年份	2005	2006	2007	2008	2009	2010	2011	2012	2013
活期存款利率	0.72	0.72	0.81	0.72	0.36	0.36	0.5	0.4	0.35
一年期定存利率	2.25	2.52	4.14	3.87	2.25	2.75	3.5	3.25	3.0
CPI	2.4	1.3	4.3	5.4	-0.3	3.0	5.0	3.3	3.4

数据来源：中国统计年鉴（2014）[M]．中国统计出版社．

（七）失业保险基金责任界定不明确

内蒙古自治区失业保险基金结余规模连续高速增长，2013年"基金率"（2012年底累计结余占当年支出的比率）高达1000%，基金结余额的支付能力可达10年，促使一些地区将失业保险基金促就业支出适用范围由法定的参保失业人员扩大到所有失业人员，失业保险基金和政府就业专项资金合并使用，混淆了失业保险基金的责任界限，未能有效维护基金安全。

（八）失业保险制度有失公平

《内蒙古自治区失业人员享受失业保险待遇指南》规定，农（牧）民工个人无须缴纳失业保险费，失业后可以享受最短2个月，最长不超过12个月的一次性生活补助，但一次性生活补助与城镇职工失业保险的待遇水平、期限及配套待遇（如取暖补助、配偶待遇、医疗保险待遇、死亡待遇）相比，农民合同制工人仅有的一次性支付生活补助待遇水平低，也缺乏配套待遇，失业保险制度公平性不足。

三、内蒙古自治区失业保险制度发展机制的优化路径

当前，随着国内经济下行趋势，内蒙古自治区经济发展的不确定性和不稳定性因素增多，就业形势更加严峻。新形势、新情况和新问题，赋予了失业保险新的任务和内涵，也给失业保险带来了严峻挑战。在新常态下，失业保险必须以保障失业人员基本生活为基本要求、促进就业与预防失业为主，全面发挥失业保险功能，提升保障水平。

（一）扩大失业保险制度覆盖面

失业保险覆盖面扩大的目标群体应该瞄准灵活就业者、个体工商户等高失业风险人群，使最需要失业保险的群体获得失业保障。这也有助于减缓基金巨额结余的压力，保障非正规就业群体的基本生活需要，缩小城乡收入差距，彰显社会公平与正义。

（二）增强失业保险制度的基本生活保障能力

提高失业保险待遇标准的有效手段是缩短失业保险给付期和提高失业保险金替代率。给付期可根据本人累计缴费时间确定，累计缴费满一年的领取一个月保险金，以后每增加一年，给付期增加一个月，最长不超18个月，激励参保人连

续缴费,鼓励失业者尽快实现再就业。节省的失业保险基金可用于提高失业保险待遇。

在确定替代率时改变固定待遇制,以失业者失业前的缴费工资为依据,按失业前某一时期平均收入的45%~50%确定失业保险金。这样不仅能够在总体上提高所有失业人员的待遇水平,还能够更好地体现权利与义务相一致的原则,解决参保人的个人缴费水平和待遇水平相脱节的问题,同时也符合国际上通行的做法。确定失业保险给付标准时需注意适度性,以避免过高水平的给付对失业保险基金的可持续性带来负面影响,出现"失业陷阱"。

(三) 充分发挥失业保险制度促进就业、预防失业的功能

1. 增加失业保险基金用于职业培训及职业介绍的支出

增加失业保险基金用于职业培训及职业介绍的比例,提高失业人员接受职业培训及职业介绍的补助金额。在扩大此项支出的同时,注意保证职业培训的效果,与获得资质的专业培训机构合作,聘请高素质的培训人员,以劳动力市场需求为导向,使接受培训的失业人员真正学有所获,重新获得合适的就业岗位。

2. 增加失业保险基金用于扶持大众创业的支出

提取一定比例的失业保险基金作为失业人员创业的引导基金,对于有意愿创业、敢于创新、创业项目具有可行性的失业人员,通过引导基金的扶持,为其提供创业培训补贴、创业贷款担保、创业贷款贴息,不仅给失业人员创业提供更广阔的舞台,还可丰富内蒙古自治区的创业融资模式。

3. 增加失业保险基金用于失业人员参加公益性服务岗位的支出

对自愿到基层社区担任社会工作者的参保人,在基层社区同意的情况下,可设立"社区工作者津贴",设定一定的支付期限和工作要求。在有效促进节能减排、环境保护的领域,如能源、环保、农业等领域设立绿色岗位补贴,对在这类岗位就业的参保登记失业人员发放岗位补贴(郑秉文,2010)。

4. 加大失业保险基金用于预防失业的支出力度

继续利用失业保险基金对经营困难企业的员工进行转岗培训,对失业人员发放转岗培训补贴、支付社会保险补贴、岗位补贴、求职补贴等相关措施来稳定就业、预防失业;建立失业保险应急预警机制,针对局部地区发生的重大事件或因自然灾害而出现的大规模失业,给予及时的应急失业补助,保障失业人员基本生活,为社会经济发展营造一个稳定的社会环境。

(四) 提高统筹层次,促进劳动力自由流动

统筹层次越高,失业保险制度抵御风险的能力越强,互助互济作用越大。实

现内蒙古自治区失业保险省级统筹，以省级政府为责任主体将分散在多个统筹单位的失业保险基金、职业培训和介绍机构、失业人员信息以及就业信息"集中"起来，提高到省级水平，增强失业保险基金的调剂能力，还可以促进统筹地区内劳动力自由流动，使失业保险金的领取不受户籍制约，只需在省级失业人员信息库中即可。当内蒙古自治区失业保险参保职工发生工作变动时，失业保险关系应随之转移，缴费年限合并计算，并按迁入地标准核定失业保险待遇，实现在工作地领取失业金，操作方便，促进劳动力在内蒙古自治区范围内的自由流动。

（五）建立失业保险"名义个人账户"制度

为灵活就业人员、个体工商等设立"失业保险名义个人账户"制度。失业保险基金可适当对其名义个人账户进行配比缴费，以鼓励灵活就业群体、个体工商户建立账户并缴纳失业保险金。当经济周期下行时，名义个人账户可作为失业津贴加以提取，体现失业保险制度对灵活就业群体、个体工商户的政策扶持。

（六）建立失业保险基金投资管理体制

建设失业保险基金省级投资管理体制，以省级社会保险经办机构作为"委托人"，采取招标的方式将基金"外包"给法人投资主体，采取市场化投资方式。对于具体的投资范围，可参照养老保险基金的投资管理办法，将少量失业保险基金投资于银行存款和国债以保证流动性；设定基金购买股票、股权、股指期货、国债期货的投资上限以保证安全性；采取组合投资策略，通过专业化的投资运营团队获取可观的投资收益，使失业保险基金保值增值，解决基金贬值问题。

（七）完善农（牧）民工失业保险制度

第一，对已参加失业保险的农（牧）民工，针对其就业季节性强、失业与就业状态难以界定的特征，放宽《内蒙古自治区失业保险实施办法》中关于在缴费单位"连续工作满一年"的规定，建议将时间缩减到6个月，或者改为"累计工作满一年"，这样可以扩大参保农（牧）民工受益范围，增强制度激励性，以期让雇主的失业保险缴费完全反馈给农（牧）民工。

第二，改变农（牧）民合同制工人的生活补助费按统筹地区失业保险标准执行、不享受其他的失业保险待遇（如取暖费、医疗补助金、死亡待遇等）的做法，可以从失业保险基金中为农（牧）民合同制工人安排适度的转移支付，以提高其一次性生活补助费标准。

第三，追究用人单位拒缴或欠缴行为的法律责任。按日计征滞纳金，加大罚款的处罚力度，增加用人单位的违法成本，促使用人单位自觉履行缴费义务，用人单位不缴费或者少缴费行为严重的，追究其刑事责任。

（八）加强失业保险基金及就业专项基金管理

明确失业保险基金和就业专项资金的责任界限。与参保登记失业人员促进就业、预防失业相关的支出，列入失业保险基金支出范围，其余失业人员的稳定和扩大就业支出划入就业专项资金的保障范围。

不断完善和规范基金、资金管理工作，加强相关信息的公开与披露，引入社会力量加强监督。开展基金、资金管理使用及制度建设情况专项检查，检查对象为经办、管理、使用基金、资金的相关单位与个人，甚至根据需要对职业培训机构、享受待遇者进行延伸检查，并将专项检查的结果予以公开，引入公众监督力量，维护基金安全。

第八章

内蒙古自治区和谐劳动关系发展态势

2015年发布的《中共中央、国务院关于构建和谐劳动关系的意见》中将和谐劳动关系的构建上升到了"加强和创新社会管理、保障和改善民生的重要内容，是建设社会主义和谐社会的重要基础，是经济持续、健康发展的重要保证，是增强党的执政基础、巩固党的执政地位的必然要求"的高度。同时对构建和谐劳动关系的指导思想、工作原则和目标任务提出了具体的要求，为我国今后和谐劳动关系的运行打下了坚实的基础。同样，和谐劳动关系在内蒙古自治区也得到了高度重视，并作为和谐内蒙古自治区的重要组成部分，其主要通过企业工资集体协商机制的构建，维护职工和企业的合法权益，进而实现劳动关系和谐稳定。为此，2012年10月1日实施了《内蒙古自治区工资集体协商条例》。其后，为了规范企业工资集体协商工作，建立、健全企业职工工资协商共决、正常增长和支付保障机制，于2013年8月5日颁布《内蒙古自治区工资集体协商规程》，2015年4月颁布《内蒙古自治区政府关于进一步推进企业工资集体协商工作的意见》，一系列法律法规的不断完善，体现了内蒙古自治区人民政府对和谐劳动关系的重视。

从中央政府到内蒙古自治区政府构建和谐劳动关系的具体策略选择中，可以看到主要是以政府主导的形式对劳动关系运行加以引导。在劳动关系的管理实践中，对其进

第八章 内蒙古自治区和谐劳动关系发展态势

行最为简单的分类即是以所有制类型进行划分，亦是符合我国国情的有效策略选择。从所有制的角度我们可以将其分为公有制经济和非公有制经济两大类劳动关系，其中我国公有制企业的劳动关系总体来说较为规范，基于政府行政力量的影响，以及抓大放小的所有制改革之后，公有制企业多为规模大、利润高的垄断性行业，经济支付能力确保了劳动关系的和谐稳定。而与之相伴的非公有制经济从过去公有制经济的必要补充，成为影响我国社会经济发展的决定性力量。2013 年，中国民营经济贡献的 GDP 总量超过 60%，全国至少有 19 个省级行政区的贡献超过 50%，已占非农就业的 80% 左右，除了作为税收、出口和县域经济发展的重要力量外，还为我国劳动者就业提供了大量的就业岗位。

当前，内蒙古自治区劳动关系建设循序推进，企业劳动条件不断改善、劳动关系总体和谐。同时，对于内蒙古自治区非有制公企业劳动关系中存在的各种问题和矛盾，内蒙古自治区各级政府应予以足够重视，并对劳动争议成因加以区别分类指导，坚持用发展的观点和办法解决企业劳动关系的问题和矛盾。要努力创造条件，积极探索建立符合和谐内蒙古自治区建设要求的企业劳动关系规制机制，确保经济的可持续发展，为构建社会主义和谐社会奠定更加坚实的基础。

一、内蒙古自治区企业劳动关系现状

近年来,内蒙古自治区非公有制经济得到快速发展,个体工商户达到75.43万户、私营企业11.34万户,个体私营经济从业人员达到258.8万人;非公有制企业固定资产投资额占内蒙古自治区固定资产投资总额的60%,实现增加值5594亿元,占内蒙古自治区GDP的48%,非公有制经济吸纳就业占内蒙古自治区的80%以上,为内蒙古自治区经济和社会发展做出重要贡献。① 以2012年内蒙古自治区工商联主办的招聘周为例,内蒙古自治区进入各级人才市场、劳动力市场的民营企业为6206家;企业提供就业岗位119863个,签订就业意向人数34474人;签订职业技能培训意向人数13507人;维权及法律援助13872人次。通过上列数据可以看到,内蒙古自治区非公有制企业在促进经济的发展以及高校毕业生、进城农民工、就业困难人员的就业,推进各项就业政策的落实方面都做出了重要的贡献。与此同时,与非公有制经济高速发展不和谐的另一面却是劳动关系的建设滞后、工资增长缓慢、社会保险征缴困难、劳动保护条件差、工会建设滞后、劳动争议逐渐增多等问题日益突出,非公有制企业的劳动关系日益复杂化,劳动关系的问题也越来越突出。尽管在内蒙古自治区党政以及社会各界的共同努力之下,企业劳动关系方面的一些问题得到及时处理,有关制度建设亦不断完善,企业对劳动关系问题的重视程度显著提高,积极进行企业内部规章制度的建设,从而使内蒙古自治区的劳动关系相对稳定,没有爆发大型劳资冲突事件,但是,与和谐内蒙古自治区的建设预期目标仍有一定距离。

据2013年度内蒙古自治区《人力资源和社会保障事业发展统计公报》,内蒙古自治区共受理劳动人事争议案件7967件,比2012年增加2643件。其中劳动争议调解组织受理1416件,比2012年增加408件。仲裁机构立案受理劳动人事争议6551件,上期结转166件,结案6400件,结案率为95.3%,涉及劳动者12367人。其中,集体争议197件,涉及劳动者5098人。②

图8-1显示了2005~2013年内蒙古自治区的劳动争议发展趋势,期间虽有波动,但震荡上行是其主要特点。相较个别劳动争议案件的数量较大来说,集体劳动争议的案件数量较为稳定。从2005年的161件到2013年的197件,期间历经九年的城市化、工业化进程,集体争议案件的稳定亦反映了地方社会关系的相对稳定,社会群体之间的矛盾较为缓和,和谐社会构建具有稳固的社会基础。

---

① 内蒙古自治区工商联十届六次执委会议工作报告。
② 2013年度内蒙古自治区《人力资源和社会保障事业发展统计公报》。

第八章 内蒙古自治区和谐劳动关系发展态势

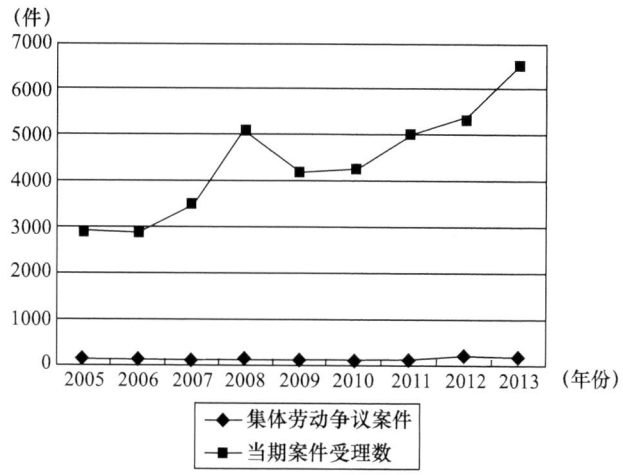

图 8-1 内蒙古自治区集体劳动争议数据

为了能够对内蒙古自治区企业劳动关系的现状有一较为直观的了解，将数据进行收集整理，以劳动者年龄、学历、所从事行业、用人单位的规模等分别进行了数据的分类。其中，年龄组划分为 25 岁下、25~45 岁以及 45 岁以上等不同组别，经过数据的分类处理之后，可以看到：不同年龄组群体由于自身技能、体能、知识结构的不同对劳动关系的判断也有着较大差异。同时，劳动者从事的行业以及企业的规模对其收入有着较大影响，进而引导其对当前企业劳动关系的判断。此外，劳动者就业地区的经济发展水平不同，对劳动关系亦产生了一定的影响。譬如，作为首府的呼和浩特市与东部发达地区相比，劳动关系较为稳定，以呼和浩特市新城区为例，2011 年上半年，受理投诉案件 80 件，立案处理劳动争议案件 52 件，结案 43 件。此外，内蒙古自治区经济处于领先地位的呼和浩特市、包头市、鄂尔多斯市三地之外的其他盟市劳动合同签订率存在明显差距，尤以旗县一级的中小企业劳动合同签订率较低，以及与此相伴的社会保险落实不到位等问题最为突出。

（一）劳动争议的三方机制有序推进

劳动争议的三方机制作为劳、资、政在合作、共赢的基础上，就劳动问题通过集体谈判加以解决的协调机制，在调解社会矛盾，解决劳资冲突方面发挥着重要作用，近百年来在西方发达国家逐步形成并得以推广。劳资双方在政府的主导之下就有关劳动条件、工资报酬等方面的内容签订全国性、区域性、行业性的集体合同，进而对企业内部劳动双方集体产生指导意义，使企业集体合同的标准不能低于行业性或区域性的标准。通过产生于该基础之上的集体合同，进而约束劳动者与企业劳动合同的签订,以集体劳权确保个别劳权的实现,降低劳动者的维权成本。随着资本的全球化,三方机制也已推广到许多国家和地区,三方原则成为各国协调劳资关系、处理劳资纠纷的共同准则。我国作为国际劳工组织的成员国,早在20世纪90年代初,全国人大常委会批准了国际劳工组织《三方协商促进履行国际劳工标准公约》,劳动和社会保障部协同其他部门建立全国一级的三方协商制度。2001年8月,劳动和社会保障部与全国总工会、中国企业联合会等部门召开会议,通过了《关于建立国家协调劳动关系三方会议制度的意见》,正式建立了以三方会议为基本形式的国家协调劳动关系的三方机制。这一劳动关系协调机制覆盖了我国绝大部分地区,在各级政府研究和制定劳动就业、收入分配、社会保障、劳动安全卫生等涉及职工切身利益的法律和政策过程中,反映广大劳动群众的诉求,实现了在源头上为劳动者维权的目的。

由于中央和内蒙古自治区各级政府对劳动关系领域问题的关注,内蒙古自治区在和谐劳动关系的三方机制的建设方面做了大量积极有效的具体工作,不断适应内蒙古自治区经济发展方式转变和经济结构调整的新要求。2010年内蒙古自治区党委、政府决定,建立内蒙古自治区发展和谐劳动关系工作联席会议制度。并提出每年至少召开一次"内蒙古自治区发展和谐劳动关系工作联席会议",这一联席会议由内蒙古自治区党委办公厅、组织部、宣传部、政府办公厅、总工会、人力资源和社会保障厅等24家成员单位组成。其主要任务包括14个方面:如研究和解决重大劳动关系政策、劳动关系工作中存在的问题,建立健全劳动关系工作机制,督促检查劳动保障政策和企业职工收入政策落实情况;督促用人单位认真贯彻实施《劳动合同法》及《劳动合同法实施条例》,维护职工和用人单位双方的合法权益;进一步加强对企业工资分配的宏观调控和指导,督促企业做好收入分配工作;等等。会议主要内容包括学习中央和内蒙古自治区关于发展和谐劳动关系、企业职工工资收入分配等文件精神;听取有关部门履行职责及工作进展情况的汇报;从内蒙古自治区劳动关系状况、企业职工工资正常增长机制和开展工资集体协商的制度建设、实际成效等方面总结经验,查找问题,研究对策;研究其他需要联席会议议定的事项①。在2011年12月召开的内蒙古自治区发展和谐劳动关系工作联席(扩大)会议上,提出围绕重点工作和关键环节,推出六大举措,用以将劳动关系运行调整纳入法制化轨道,全力构建和谐劳动关系。这六大举措包括:把劳动关系的建立、运行、监督、调处全过程纳入法制化轨道;合理调节企业收入分配,以非公有制企业、外资企业和劳动密集型企业为重点,进一步扩大工资集体协商范围,认真执行前不久调整的最低工资标准和非

---

① http://szb.northnews.cn/nmgrb/html/2010-11/11/content_780363.htm.

全日制工作小时最低工资标准；全力维护农（牧）民工和劳务派遣工的合法权益，实现在2012年"两节"前农（牧）民工工资基本无拖欠、涉及拖欠农（牧）民工工资的劳动争议案件在春节前基本结案，因拖欠农（牧）民工工资引发的群体性事件基本得到控制；切实加大企业民主管理建设力度；进一步健全劳动关系矛盾调处机制；积极支持和促进企业健康发展。此外，加快劳动法制的健全完善和保障实施，把劳动关系的建立、运行、监督、调处全过程纳入法制化轨道。

截至2012年，内蒙古自治区9个盟市建立了发展和谐劳动关系工作联席会议制度，形成了党委领导、政府负责、社会协同、企业和职工参与的工作格局。内蒙古自治区国有及其控股企业、工业园区，以及26000多家非公有制企业开展了创建和谐劳动关系活动。在2012年创建和谐劳动关系单位和工业园区活动中，共认定和谐劳动关系单位536个，认定和谐劳动关系工业园区24个。内蒙古自治区表彰了1个和谐劳动关系示范城市、36个模范劳动关系和谐企业和4个工业园区。目前，内蒙古自治区建立工会的企业签订集体合同33000份，签订率85%，覆盖职工200多万人，签订工资专项集体合同29000多份，签订率76%，覆盖职工150多万人。

（二）工资集体协商制度进展顺利

内蒙古自治区劳动关系在具体的运行中呈现出多元化、复杂化的局面，特别是民营企业迅速增多，并且这些企业大多规模小、人员流动快，因此在民营企业中推行工资集体协商制度有着重要的意义。针对非公有制企业特点，要大力推行区域性、行业性集体合同，以推行工资集体协议或涉及安全卫生和女职工特殊保护等单项集体合同为突破口，加大推行平等协商集体合同制度的力度。

内蒙古自治区政府以企业工资集体协商来促进和谐劳动关系，进而维护职工和企业的合法权益，目前取得了一定成绩。首府呼和浩特市，2010年企业职工年平均工资为30987元，比2009年提高了3269元，增长11.7%；包头市2010年企业职工年平均工资41400元，比2009年提高4680元，增长12.7%；巴彦淖尔市2010年企业职工年平均工资为25821元，比2009年提高3936元，增长17.9%；阿拉善盟2009年开展工资集体协商以来，参与的国有企业职工工资普遍增长10%以上，非公有制企业职工工资普遍增长了15%以上。据《工人日报》报道，通过工资集体协商，燕京啤酒（包头雪鹿）确定2010年10月至2011年10月职工年平均工资增加1万元，职工平均工资由2.4万元提高到了3.4万元。内蒙古红太阳食品有限公司通过工资集体协商，职工年平均工资由2008年的11627.30元增加到2010年的19234.32元，2011年上半年达到了13643.53元。

各级三方会议将引导企业和工会组织通过平等协商签订集体合同，把职工最关心的问题，调整劳动关系的热点、难点问题作为企业平等协商的重要内容。推动工资集体协商制度，是协调稳定劳动关系的有效手段，有利于维护企业分配的公平公正，较好地把工资矛盾纠纷解决在基层、化解在萌芽状态。根据有关部门的统计，城镇居民工资收入水平占人均可支配收入的比例越来越高，表明了工资集体协商在完善收入分配制度、提高劳动报酬在初次分配中的比重、推动城镇居民人均可支配收入增长中起到了积极的助推作用。而且，通过工资协商，也促进了劳动关系的和谐稳定，进一步畅通了职工诉求表达渠道，推动了企业民主管理的深化，促进了企业劳动关系协调机制的建立。

2012年内蒙古自治区十一届人大常委会第三十次会议表决通过了《内蒙古自治区企业工资集体协商条例》，并于10月1日起施行。该条例规定，工资集体协商双方可以就下列多项或某项内容进行协商：工资集体合同的起止时间；工资分配制度、工资标准和工资分配形式；年度工资总额和职工平均工资水平；工资支付办法、支付时间；工资调整幅度和调整办法；津贴、补贴标准及奖金、绩效工资等分配办法；企业特殊工时制度的实施办法；病事假和各种假期的工资待遇；变更、解除、终止工资集体合同的条件；工资集体合同的违约责任；双方认为应当协商的其他有关事项。其后，为了规范企业工资集体协商工作，建立健全企业职工工资协商共决、正常增长和支付保障机制，于2013年8月5日颁布《内蒙古自治区工资集体协商规程》，为内蒙古自治区工资集体协商集体推进提供了法律保障，确保了集体协商机制的可操作性。

为了确保工资集体协商制度的落实，2014年内蒙古自治区人大常委会对《内蒙古自治区企业工资集体协商条例》（以下简称《条例》）开展了执法检查，常委会执法检查组在委托各盟市自查的基础上，分别对呼和浩特市、包头市、呼伦贝尔市、通辽市进行了重点检查。通过检查和听取汇报了解到，内蒙古自治区各部门、各盟市贯彻实施《条例》的总体情况良好，政府及相关部门做了大量工作，取得了明显成效，基本形成了"党委重视、政府主抓、三方联动、工会力推、各方配合"的局面，全力推进企业工资集体协商的工作态势，为内蒙古自治区的经济发展和社会稳定发挥了应有的作用。截至2014年6月底，内蒙古自治区工会与企业签订工资专项集体合同4.32万份，覆盖职工207万人，签订综合性集体合同4.37万份，覆盖职工230万人。大部分开展工资集体协商的企业，职工工资收入与企业发展实现了稳步增长。

此外，内蒙古自治区在工资集体协商条例和工资集体协商规程的基础上，于2015年4月颁布《内蒙古自治区政府关于进一步推进企业工资集体协商工作的意见》（以下简称《意见》），《意见》中创新性地从五个角度提出了关于工资集体协商长效机制的构建：一是健全完善激励约束机制。把企业工资集体协商工作纳入各级政府年终目标考核，层层落实考核内容。内蒙古自治区协调劳动关系三方会议每两年开展一次模范和谐劳动关系单位表彰活动。将企业开展工资集体协商工作情况纳入政府信用征信体系等，把认定和谐劳动关系单位作为评价信用企业或诚信企业、诚信人物的基本条件，在申报内蒙古盟市、旗县（市、区）"五一劳动奖状和奖章"、劳动模范等荣誉时均要在认定范围内推荐，对没有建立工资共决、工资正常增长、工资支付保障等机制的企业，企业本身与其经营者均不能被授予各种荣誉称号，对已授予荣誉称号的企业，由三方会议提请授予部门撤销其相应称号。二是建立社会法人社会保障失信惩戒制度。把违法用工、拖欠职工工资和未依法缴纳社会保险费等行为作为社会法人失信内容，纳入全社会公共信用体系整体建设的重要内容，同步推进。实现政府信用信息互通互联，建立内蒙古自治区失信惩戒联动和共享机制，整合全社会力量褒扬诚信，惩戒失信。充分调动市场自身力量净化用工环境，推动社会法人实现自我约束、自我规范、自我激励、自我发展，形成社会性约束和惩戒监督机制，从源头上防范欠薪、欠费，引导企业等各类社会法人增强社会责任感，强化信用自律。三是不断完善监督检查机制。各级人民政府应定期开展督促检查，在继续强化政府劳动保障行政监察的基础上，积极配合人大执法检查、政协视察、工会劳动保障法律监督，切实形成"四位一体"的监督检查体系。四是加强企业工资集体协商审查和指导员队伍建设。各级人力资源社会保障部门要进一步加强组织领导，各盟市要强化劳动关系工作人员配置，各旗县（市、区）要在现有基础上调整和优化内设机构职能，本着精干高效、综合设置的原则，整合劳动关系、劳动保障监察、劳动人事争议仲裁业务职能，发挥劳动关系整体工作合力。按照全国总工会《关于建立集体协商指导员队伍的意见》要求，各级人民政府和工会系统应设立专项资金，建立专兼职工资集体协商指导员队伍，指导行政区域内企业工资集体协商工作；街道办事处也要建立工资指导组织，做好工资集体协商指导工作。五是全面开展和谐劳动关系单位创建活动。内蒙古自治区各类用人单位要按照内蒙古自治区人力资源社会保障厅等12个部门《关于实施内蒙古自治区地方标准〈和谐劳动关系单位评价规范〉的通知》要求，全面开展和谐劳动关系单位创建活动。各级协调劳动关系三方会议应严格按照《和谐劳动关系单位评价规范》中确定的评价内容和评价细则，采取切实措施推动创建活动深入开展。要把创建活动与诚信体系建设以及完善激励约束机制相挂钩，通过全面开展创建活动，引领、激励和督促各类用人单位全面落实国家各项法律法规要求。

（三）企业劳动合同签订率稳步提升

劳动合同是对用工企业与劳动者、投资者与经营管理者之间关系的一种正式的书面规定。通过签订劳动契约可以使企业内部劳动关系更加明确和规范，使双方的权利和义务更加清晰，以减少用工双方的不确定性。在我国劳动力严重供大于求现状下，企业的经营者不愿意与劳动者签订劳动合同，用来约束其行为，即使签订合同也存在较多的问题，涉及有关劳动者权益方面与国家相关法规相抵触。在企业内部，存在严重的对劳动者就业权利践踏，漠视劳动者的合法要求，任意延长工时，不进行任何补偿，以及工作场所缺乏必要的劳动保护措施。

2011年，从《内蒙古自治区人力资源和社会保障事业发展统计公报》中可以看到内蒙古自治区劳动关系事业取得了长足的发展。其中，通过集体合同和小企业签订劳动合同专项行动，内蒙古自治区小企业劳动合同签订率达到81%，城镇各类企业劳动合同签订率达到97%，比2010年提高2个百分点[①]。内蒙古自治区集体合同制度覆盖面不断扩大。截至2011年，内蒙古自治区工会与企业签订集体合同33000多份，签订率85%，覆盖职工200多万人；签订工资专项集体合同29000多份，签订率76%，覆盖职工150多万人。呼和浩特市作为内蒙古自治区首府，劳动法律法规得到了较好的执行，2012年5月底，全市各类用人单位累计新签、补签、续签劳动合同66.8万人次，其中国有企业签订率达到99.07%，城镇集体企业达到98.76%，私营企业达到98.07%，个体工商户达到88.37%，农民工达到80.5%。截至2011年底，全市6760家企业签订集体合同，5926家企业签订工资集体合同。

通过对劳动者的问卷分析整理可以看到，劳动合同的签订率与劳动者群体所就业的用人单位规模有很大的关系，100人以上企业的劳动合同签订率达到了85%以上，即使在这一类企业中，劳动者与企业没有签订劳动合同，也是由于劳动者自身所从事的就业岗位的层次较低，属于边缘化部门，譬如安保人员、后勤仓库管理之类的工作。从这里可以看出，用人单位的法制意识亟待健全，对于不同员工采取不同的用工策略以降低劳动成本，而忽略底层劳动者的劳动权利实现。在100人以下的小企业中，劳动合同的签订率不是很高，访谈结果显示只达到了60%，问及没有签订合同原因，多是雇主没有与员工签订劳动合同，有的是劳动者本人基于对企业发展的稳定性判断，从而对这一法律文书没有太大认可，只是看中眼前劳动权益的实现，更多关注工资的按时、足额支付以及薪资水平。雇主没有签订劳动合同，本人也没有提出。劳动合同的签订率也与劳动者就业的行业有着较大关系，相比制造业，建筑业和餐饮业的劳动合同签订水平较低，这些行业也是传统的劳动密集型行业，从业的劳动者自身素质较低，属于更需保护的弱势行业，对于这些行业相关的劳动执法部门仍需加大执法力度。

---

① 《2011年度内蒙古自治区人力资源和社会保障事业发展统计公报》。

（四）企业工会组织建设取得一定成就

各级工会作为劳动者利益的代言人，承担着法律赋予劳动者权利保障者的义务。劳动者权利落实与否，以及落实的效果如何，与各级工会的是否作为有着极大的关系。1999年2月，全国总工会十三届二次执委会对民营企业进行大规模发展，面对民营企业职工人数不断增长的形势提出了"五突破一加强"的工作目标，明确了工会突出和履行维护职能的基本框架，强调努力实现宏观维护与微观维护的统一与结合。内蒙古自治区各级工会在过去几年和谐劳动关系的构建中做出了值得肯定的贡献。2011年内蒙古自治区新增非公有制企业工会10539家，相比2010年增加了30%以上，新增工会会员3.2万人。全年工会与企业签订工资集体合同29243份，其中非公有制企业签订27218份。截至2013年底，内蒙古自治区基层工会委员会已达69735个，基层工会涵盖法人单位103575个；建会单位职工（包括农（牧）民工）641.6万人，工会会员达到615.8万人，建会单位职工入会率95.9%。内蒙古自治区总工会将大力发展和谐劳动关系，切实维护职工合法权益，着力加强协调劳动关系的制度建设，促进建立企业工资协商共决机制、正常增长机制和支付保障机制，推动劳动报酬增长与劳动生产率同步提高作为其工作目标，并在以下几个方面开展了具体的工作：解决职工群众在劳动就业、社会保障、安全卫生等方面的问题，加强困难职工帮扶中心建设；加强企业文化和职工文化建设，着力加强职工群众的思想政治工作，引导职工以理性、合法方式表达利益诉求；做好劳动纠纷排查化解工作，以劳动关系和谐促进社会和谐，以职工队伍稳定促进社会稳定；进一步加强工会自身建设，切实提高新形势下职工群众工作的能力和水平。各项工作的有序推进，为内蒙古自治区和谐劳动关系的实现起到了积极作用。

（五）企业职工收入水平不规范的局面明显改善

内蒙古自治区民营企业发展至今，资产规模较小、员工较少的中小企业仍占大多数，这些企业工资收入水平普遍较低，工资收入分配制度亟待健全。而形成一定规模的民营企业结合自身实际，加大内部分配制度改革力度，积极探索建立适应现代企业制度要求的微观分配机制，工资收入分配机制呈现出多样化特征。

2014年，内蒙古自治区城镇非私营单位就业人员平均工资为53748元，与2013年的50723元相比，增加了3025元，同比名义增加6%，增幅回落3.2个百分点。其中，在岗职工平均工资为54460元，比2013年同期增加3072元，名义增长6%。扣除物价因素，2014年内蒙古自治区城镇非私营单位就业人员平均工资实际增长4.2%。与此同时，内蒙古自治区城镇非私营单位就业人员平均工资仍然低于全国平均水平。2014年内蒙古自治区城镇私营单位就业人员年平均工资为34778元，与2013年的33245元相比，增加了1533元，同比名义增长4.6%，扣除物价因素，2014年内蒙古自治区城镇私营单位就业人员年平均工资实际增长2.9%[①]。通过就业人员工资增速的下降趋势，可以看到内蒙古自治区相比过去经济增速有所放缓，波及了传统的劳动密集型行业如建筑业、房地产业、批发和零售业、住宿和餐饮业等行业。企业支付能力的下降与劳动者工资所具有的刚性特征，必然会导致由工资支付所引发的劳动争议案件的增加。

图8-2为2004~2013年的内蒙古自治区由劳动报酬所引发的劳动争议案件趋势。劳动者的薪酬一直是引发劳资纠纷的主要诱因，雇佣双方围绕工资的纠纷，多年来保持上涨趋势，与工资水平滞后于经济增长不无关系。此外，工资按时、足额支付，加班工资的发放，绩效考核标准的认定，围绕这些有明确法律规范的薪酬纠纷，可以看到劳动者其他劳动权利落实的困难。劳动者劳动报酬的提高，体现了生存权与发展权的实现，亦是地区劳动关系稳定的重要考量指标。提高劳动者的收入水平是各级政府主要的工作目标，当前收入分配制度的改革是社会各界所关注的热点，收入水平是否有所提高一方面体现在所在区域平均工资水平的上升、最低工资提高、工资增长指导线的提高、退休职工退休金的提高等可衡量的数字指标。另一方面，最为直观的是老百姓的感受，自己的生活水平是否有所改善，房子是不是大了，钱包是不是鼓了，需要不需要为孩子上学发愁了，这些问题的解决，关乎执政党的人心向背，需要各级政府建立合理收入分配机制，缩小不同行业、地区的收入差距，提高人民群众的满意度。

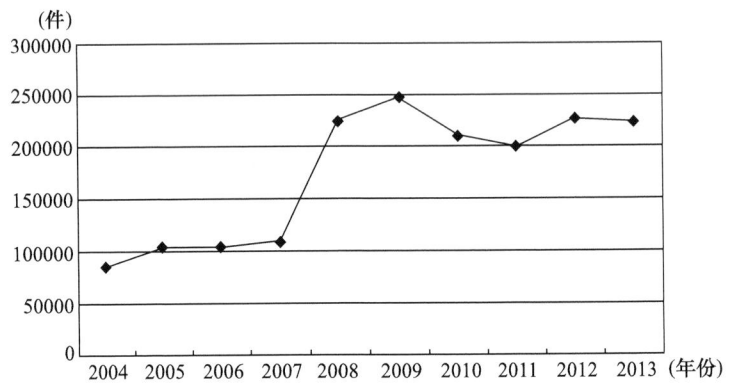

图8-2 内蒙古自治区劳动报酬引发的劳动争议案件趋势

---

① 内蒙古自治区统计局网站。

为了确保劳动者经济生活的改善,内蒙古自治区政府以最低工资标准和工资指导线的方式对劳动者收入水平的提高加以指导。

1. 最低工资制度有效落实

为了全面落实最低工资制度,内蒙古自治区2010年明确提出之后至少两年调整一次最低工资标准,以确保低收入职工工资水平随经济发展而提高,进一步调节收入差距,从而促进建立稳定和谐的劳动关系。

2011年内蒙古自治区上调最低工资标准及非全日制工作小时最低工资标准,调整后的最低工资标准按地区分为4个档次。一类地区最低工资标准为1050元/月,非全日制工作小时最低工资标准为8.9元/小时;二类地区最低工资标准为980元/月,非全日制工作小时最低工资标准为8.3元/小时;三类地区最低工资标准为900元/月,非全日制工作小时最低工资标准为7.6元/小时;四类地区最低工资标准为820元/月,非全日制工作小时最低工资标准为6.9元/时。在2011年的基础之上,内蒙古自治区2012年将最低工资进行了调整:一类地区最低工资标准上调为1200元/月,非全日制工作小时最低工资标准上调为10.2元/小时;二类地区最低工资标准上调为1100元/月,非全日制工作小时最低工资标准上调为9.3元/小时;三类地区最低工资标准上调为1000元/月,非全日制工作小时最低工资标准上调为8.5元/小时;四类地区最低工资标准上调为900元/月,非全日制工作小时最低工资标准上调为7.6元/小时。同时规定对于非全日制就业的劳动者,用人单位支付的货币工资不能低于小时最低工资标准,单位依法缴纳的社会保险费和住房公积金,用人单位应按规定另行支付。并规定企业除因生产经营严重困难、经济效益明显下降并履行必要的民主程序可零增长或适当负增长外,每年要保证职工货币工资适度增长。此外,职工在法定规定工作时间内提供正常劳动,企业支付给职工货币工资不得低于颁布的当地最低工资标准。

2. 工资指导线制度作用明显

工资指导线为民营企业工资集体协商、调整职工工资增长提供了政策和市场依据。从2009年开始,内蒙古自治区每年发布企业工资增长指导线,以逐步完善企业工资正常增长机制,调节社会收入差距。2011年,内蒙古自治区农林牧渔业工资增长基准线为12%,采矿业工资增长基准线为16%,制造业工资增长基准线为13%,电力、燃气及水的生产和供应业工资增长基准线为11%,建筑业工资增长基准线为15%,交通运输、仓储及邮政业工资增长基准线为12%,信息传输、计算机服务和软件业工资增长基准线为12%,批发和零售业工资增长基准线为13%,住宿和餐饮业工资增长基准线为13%,金融业工资增长基准线为15%,房地产业工资增长基准线为14%,租赁和商务服务业工资增长基准线为14%,居民服务和其他服务业工资增长基准线为15%。2012年企业和部分行业工资指导线,确定当年内蒙古自治区企业货币工资增长基准线为14%、预警线为18%、下限为4%。工资指导线的定期调整,确保了劳动者的收入水平能够稳定提高,基于地方经济发展水平的调整,也保证了企业足够的利润空间,为劳资双方的集体谈判提供了指导,有利于和谐劳动关系的实现。

二、内蒙古自治区劳动关系所存在的主要问题

内蒙古自治区作为我国内陆省级行政区,在劳动合同签订方面相较于其他地区,既有共性亦有特殊性。作为经济发展相对滞后的地区,企业劳动关系管理制度不规范所引发的劳动问题,就其成因来说,相较于我国其他省市来说具有普遍性,劳动者的劳动权益得不到有效落实是我国目前经济发展阶段劳动关系领域突出的问题,譬如劳动合同的短期化、用人单位的随意解雇等诸多问题的成因具有相似性,诸多乱象的出现不单是内蒙古自治区所独有,亦是全国劳动关系领域所共同面对的问题。另外,内蒙古自治区作为一个汉族、蒙古族、回族等多民族聚集区,企业员工的民族构成比较复杂。在企业员工民族成分不同、宗教信仰多样化的背景下,管理者和员工之间、员工与员工之间在文化上有着明显的差异,文化背景不同,对管理制度的理解有一定的差异性,使得内蒙古自治区企业劳动关系管理变得更为复杂。如果用人单位忽视员工民族、宗教的差别,使用刻板的规章制度去管理所有的员工,不仅不能妥善处理好劳动关系问题,甚至激化矛盾,引起劳资冲突。同时少数民族群体基于族群身份上的认同,极容易引发群体性事件,影响民族团结、社会稳定,又是其劳动关系管理中所具有的特殊性所在。

(一)劳动合同不规范问题依旧突出

通过访谈内蒙古自治区已签订劳动合同的劳动者发现,劳动合同的期限多以短期合同为主,甚至试用期用工的现象依旧存在。其中,劳动合同3年以上的只有17%,1~3年的25%,剩下的劳动者多是1年期的合同。对于合同到期是否能够及时续签,多数劳动者认为,单位人力资源部门没有通知就不会去主动询问,受访劳动者的劳动合同很大一部分依旧是上一个聘期的劳动合同。问及劳动者对劳动合同的内容是否有所了解,70%的劳动者对劳动合同的内容详细看过,也有的劳动者表示只是依照单位人力资源部门要求去签订劳动合同,对详细内容没看过,即使知道了对自己不利的条款,为了实现就业也只好签订该合同。当调查人员问及劳动者手中是否存有劳动合同,在已签订劳动合同的人中,有70%的劳动者手中存有合同,有20%的劳动者提及单位没有交给他们,也没有勇气和用人单位要求保存劳动合同,还有一部分劳动者法制意识不强,单位交个人

之后，不知道放到什么地方了。这一问题的出现既有劳动者法制意识不强的因素，也有用人单位的人力资源管理制度不规范，劳动执法力度不足的原因。

劳动合同作为劳动关系存续的证明，也是劳动者维权的主要依据，需要劳动关系的各方主体完善劳动合同的备案手续，劳动者个人也需增强法律意识。在民营企业劳动关系中，人员流动速度快，雇佣关系的短期化现象、劳资关系紧张的问题十分严重。调查显示，内蒙古自治区民营企业劳动关系的短期化现象严重，很多企业只与员工签订1~3年的劳动合同。而在发达国家，劳动合同的约定中，多不含有合同服务期限，即以无固定期限的劳动合同为主，雇佣双方的合作建立在彼此责任心理契约基础之上，从而劳动服务期限较长。例如美国，一般工人在同一企业平均工作8年，有25%的工人在同一企业工作超过20年；在日本企业中的职工，70%在同一企业工作时间超过10年，这一比例美国是37%，英国是39%，意大利是46%，德国是53%，法国是58%。这与我国民营企业主观上有意识地选择具有较高劳动生产率的员工，抛弃在企业的生产过程中劳动生产率降低的员工，导致劳动关系短期化现象有显著的区别。虽然法律并没有规定用工双方必须签订长期契约，理论上也不能证明长期劳动契约就一定比短期劳动契约好；企业可以借助短期劳动合同增强员工的紧迫感和危机感，增加员工的工作压力；也有利于企业根据发展情况及员工的表现及时对雇佣对象和雇佣数量进行调整，增强企业在雇工中的灵活性等。但是，劳动关系与物的所有权关系，最为本质的区别在于，劳动关系的主体是具有鲜活生命的劳动者，是有权利分享社会进步的社会成员，对于人的尊重是一个社会稳定、一个企业持续发展的基本要求。

在我国民营企业中，作为所谓雇佣惯例，雇主想当然地采取劳动合同短期化，甚至是没有书面劳动合同。在这一雇佣模式之下：一方面，企业员工的就业安全度较低，对企业的归属感不强，不少劳动者甚至有"出卖青春"的心理感受，认为一旦他们的"青春年华"过后，企业就不再会继续聘用了，在这种心理左右下，不少劳动者以短期行为对付短期劳动契约。另一方面，企业不愿意进行员工的人力资本投资，只愿意高薪挖人，只看重眼前利益，忽略企业核心人才的培养。竭泽而渔的雇佣策略，从整个产业的长久发展来说不具有持续性。最后的结果必然是企业与劳动者之间难以形成良好稳定的雇佣预期，导致企业资方的目标与企业员工的目标不一致，最后难免造成劳资冲突。

（二）工会职能没有得到充分发挥

雇佣双方在确立劳动关系之初，劳动生产的从属性决定了劳动者处于不利的地位，市场经济劳动关系的特点之一是劳资双方各自是一个独立的主体，拥有自身资源的所有权。就劳动者来说，掌握了自身劳动力的所有权，具有不作为的权利，可以自由选择雇主和是否参加劳动。而在劳资严重不对等的情况下，只是以形式上的平等掩盖了事实上的不平等。在劳动关系建立之初，缺乏规范的劳动合同，有的企业甚至不与劳动者签订劳动合同，在劳动争议发生时，缺乏必要有效的渠道，来保护劳动者的生存权。近年来，在私营企业中，职业病问题严重。我国现有约1600万家企业存在着有毒、有害作业场所，受不同程度职业病危害的职工总数约2亿人，致使劳动者丧失劳动能力。

据《北方新报》报道，2010年底，内蒙古自治区已累计报告职业病1.2万例，其中尘肺病约占职业病病人总数的80%。在这一社会背景下，私营企业中的劳动者急需能够代表他们自身利益的工会组织，但是由于私营企业主认为工会是对其管理权威的干涉，另外也是为了防止工会费用的支出，减少不必要的开支，从而对成立工会进行积极的抵制，阻碍了工会在私营企业内的组建。而有的地方政府基于就业和经济发展的考虑，对该种行为置之不理，从而使工会在非公有制小企业中的组建率相对较低，即使成立工会，由于缺乏必要的支持对雇主侵权行为也无能为力。尽管内蒙古自治区由于工业水平相对滞后，以外来务工人员为主体的组织没有出现，但是，依托于乡土、族群采取相对过激的维权手段时有发生。此类问题必须进行慎重处理，不能仅仅因为其不是上级工会同意成立的，而对其维护劳动者权益的行为进行禁止，这样只会激化劳资双方的矛盾，导致社会的不稳定。可以采取有效的途径，将其规范到工会的体系之中，放宽工会申请成立的要件，给予他们一些必要的政策上和经济上的支持，从而能够确实有效地维护广大劳动者的劳动权益。

（三）劳动者发展权重视不够

生存权与发展权是人类基本的权利，过去我国经济陷于停滞状态，面对的最重要的问题是如何让劳动者生存下来，摆脱贫困，从上到下的各级政府在公平效率中，过多关注了效率，以使劳动者确保生存权的实现。而今随着我国GDP取得世界第二大国地位，需要转变过去快速发展的模式，以使广大人民群众能够从改革中获益，共享繁荣，而不是使GDP停留在字面上，与劳动者的生活没有太大的联系，这样的增长只是一小部分人的增长，从我国逐年增加的基尼系数便可看出。

改革开放以来，我国农村劳动力在经历了向城市和非农产业的潮涌之势后，2004年春，我国民营经济相对发达的珠江三角洲、长江三角洲等地出现了改革开放以来的第一次"民工荒"——农民工的结构性短缺。在我国还有上亿农民需要转移到非农产业及城镇就业的大背景下，却出现了大面积的用工短缺现象，促使人们对这一现象进行反思。经过广泛调研和理性思考后，人们已经普遍认识到，虽然引起农民工结构性短缺的原因有多种，但我国民营企业内部的劳动关系问题突出是其重要诱因。民营企业内部劳动关系问题主要表现在以下几个方面：劳动者的报酬太低，十多年物价不断上涨，但农民工的工资却不见有明显的提高，有的企业甚至还对农民工那点儿微薄的工资久拖不发，出现了国务院总理亲自出面帮农民工要工资的新闻。《内蒙古日报》报道，2013年11月末，内蒙古自治区各级劳动保障监察机构共受理拖欠工资待遇案件5813件，为10.7万名劳动者追发工资等待遇13.06亿元；各级劳动争议仲裁受理涉及农（牧）民工工资问题的争议案件2185件，涉及农（牧）民6036人，涉及农（牧）民工工资1.32亿元；民营企业中劳动者的生产和生活环境太差，不少民营企业的劳动保护措施不到位。

内蒙古自治区卫生计划生育委员会相关数据显示，仅2012年1月1日至12月31日，内蒙古自治区所报告的各类职业病主要有四大类，共计9种352例，其中8个盟市共诊断、报告尘肺病4种224例，以煤工尘肺和硅肺为主，分别占75%、24%，此外还包括水泥尘肺和炭黑尘肺。由于劳动者的文化素质较低，职业技能较差，在劳动关系中处于弱势地位。同时受地区传统文化等综合因素的影响，劳动者一般采取的是忍让的态度，给管理者造成错觉，认为已经解决了问题，实际上是劳动者迫于就业和生存的压力，被迫接受，不是问题被解决了，而是被掩盖了。生存与发展二者是阶梯性的发展阶段，只有生存权得以实现，才能有可能实现人的全面发展，人力资本的提升。目前依旧停留在为农民工追讨欠薪、安全生产权利的实现之上。

（四）法律法规不健全，政府监管力度不够

近年来，虽然我国在劳动关系领域的立法有了很大的改善，《劳动合同法》、《就业促进法》、《劳动争议调解仲裁法》等法律的出台，较好地确保了劳动者的劳动权利落实。但是，依旧有诸多不尽人意的地方。而且，现行涉及工资分配的具体规定只是部颁规章，立法层次较低；对工资支付、劳动合同签订、争议处理及违法责任的追究等问题做出具体规定受到限制。如开展集体协商工作依据的法规、规章层次不高，缺乏强制性的规定。对企业一方不接受协商要求，拒不开展集体协商或不严格履行协议内容，现行法律规定没有明确的罚则，造成企业工资集体协商制度建与不建一个样，谈与不谈一个样。此外，政府对工资协议缺乏强制审查的手段。2013年发布的《收入分配若干意见》中提出适时调整最低工资标准，到2015年绝大多数地区最低工资标准达到当地城镇从业人员平均工资的40%以上。以非公有制企业为重点，积极稳妥推行工资集体协商和行业性、区域性工资集体协商，到2015年，集体合同签订率达到80%。该方案最大的特点是其为指导性法案，操作性不足。

　　劳动监察制度是最重要的劳动执法手段，但由于劳动执法人员的严重不足和素质低下，加上执法手段单一，且处罚力度不够，违法成本低，导致不能有效地威慑和遏止用人单位的违法行为。至 2011 年末，全国共有劳动保障监察机构 3291 个，各级人力资源社会保障部门配备劳动保障专职监察员 2.5 万人。内蒙古自治区共有劳动保障监察机构 133 个，各级人力资源社会保障部门配备劳动保障专职监察员 1087 人。但是面对数量众多的各类企业和城镇劳动者，人少案多、执法不力等问题短期内依旧很难得以缓解。

三、劳动关系政府规制策略的完善

　　内蒙古自治区的劳动关系的规制有其缺失、不足之处，但也有其值得肯定之处。从内蒙古自治区政府一系列应对经济形势的措施来看，政府主导的劳动关系规制模式得到了加强。面对金融危机对劳动关系产生的持续性压力，强化了政府主导型的劳动关系规制模式，这将是发展和稳定劳动关系的基础。政府在劳动政策的选择上，也能从内蒙古自治区的具体区情出发，充分尊重劳资双方的各项权利。

　　内蒙古自治区劳动力供过于求的供需状况必然导致劳动者在劳动市场上的弱势地位。一方面，政府在劳动立法上，应适当地向劳动者一方倾斜，以体现劳动者优先的原则。另一方面，政府还要发挥社会协调职能和再分配的作用，合理分配社会财富，维护社会公平。政府要承认和尊重劳动者拥有的基本公民权利、政治权利和法律赋予劳动者的其他社会权利，将职工拥有的一些传统政治权利顺利地纳入新的劳动关系规制体系中，并在此基础之上不断加以完善。政府要尊重劳动者的集体劳动权，应认识到当前由个别劳动权向集体劳动权转型的这一客观现实。以集体劳动权的实现来保障个别劳动权的实现，当然应依据现阶段的社会生产力水平来决定采取怎样的规制方式，而不是盲目地一蹴而就，但也不能忽视劳动者对集体劳动权的渴望，正视劳动者合理、合法、合情的利益诉求，才能够确保劳动者的体面劳动。政府、企业不仅要在名义上承认职工和工会在国家经济体系中的主导地位及其权利，还要在政策法规上保障工会的地位和权利。否则，劳动者若没有必要的、规范的利益表达渠道，势必会采取其他非正常的手段来表达自己的利益诉求。

（一）劳动关系法律规制体系的完善

　　法律是现代国家意志的体现，它一方面为个体或群体行为提供了最基本的行为准绳与必要的矫正措施，另一方面也规范了政府与公职人员的公权范围，防止权力的滥用。现实劳动争议的发生多涉及不同层面的利益纠纷,劳动问题处理不当会演变为社会群体之间的对抗,如果没有健全、完善的劳动关系法律规制体系,劳动问题对社会秩序的冲击,可能较其他问题更为严重。基于对当前我国生产力发展水平所决定的社会劳动关系状况的判断,我国当前劳动关系仍是以个别劳动关系为主,集体劳动关系为辅,从而对于劳动关系的规制,应以政府的公权介入为主。政府要加快完善以劳动基准法为核心的劳动法律体系构建,建立劳动关系调整的透明、公正的程序规制,完善劳动监察制度,构建专业化的劳动执法队伍。

我国的劳动关系立法存在严重的滞后现象,不仅使得劳动关系的规制工作常常无法可依,无章可循,而且还影响到整个劳动关系调整机制的建立。劳动法制的健全当然受现实条件的制约,需要有一个过程,但是,我们不可能完全等到市场机制发育成熟之后再来立法。一是要尽快健全包括就业、劳动标准、社会保障等各方面的基本政策、法律制度;二是要规范立法的权限和程序,从源头上维护劳动法制的公平。要推进劳动关系调整的规范化、制度化、法治化进程,抓紧有关劳动法律法规如《职业病防治法》、《社会救助法》、《职业教育法》、《企业工资条例》、《女职工劳动保护规定》的制定和修订,加大对《劳动法》、《工会法》、《劳动合同法》、《社会保险法》等的执法检查,有效发挥法律对于规范劳动关系的基础性、保障性作用,强化党政在构建和谐劳动关系中的主导作用。

(二) 健全与发展工会组织

制度学派创始人康芒斯认为,经济上的竞争并非个人竞争,而是群体的竞争。其基本假设:企业本身就是一种群体,这种群体在市场竞争与集体谈判方面具有较大的力量,相反个别劳动者在经济力量上则为相对的弱者,因此,劳工必须组织成一个群体,以群体对群体的方式获得协商中较为有利的地位。克雷格(Clegg)认为,集体合同是达成民主参与的有效方法,但工会必须先具备两个基本的条件:一是工会需脱离政府与资方完全独立;二是工会必须能代表劳动者的利益。对于工会在产业民主中的作用,社会大众普遍是认同的,通过组织健全的工会组织一方面可以在集体谈判中保障劳动权益;另一方面通过有组织的劳工团体可以起到社会稳定的作用。基于工会在劳动关系中积极作用的共识,如何促使工会组织的发展与运行健全化,是当前政府劳动行政的工作重点之一。

依据现代化政府的组织功能,政府致力于制定一套合理的机制,来规范劳工团体行动与行为,发挥行政上监察功能,纠正不当劳动行为。因此,目前政府在这方面的重要工作,就是致力于调整工会关系及其附随关系的法律体系的构建,同时,放松对工会工作的限制,以促进工会组织的发展,引导劳工运动朝着健全与合理化方向发展。在宏观方面,参与国家立法和政策制定,在法律和政策条文中体现工会主张，使职工的权益上升为合法的权益；在微观方面，要坚持和完善职工代表制度，保证职工依法行使民主权，工会要主动参与企业改革改制方案的制定，坚持走职代会民主程序，敢于反映和表达职工的意愿和要求。我国工会由于行政体制以及前面所分析的历史缘由，多年的工作滞后于现实的发展，不能起到劳动者权利维护者的职能。当前，工会转型的重点应着力增强工会的自主性、代表性和群体凝聚力，这其中自主性问题最为根本。为此，要实现工会组织的转型，必须使工会成为一个独立主体，赋予工会独立代表劳方利益的资格。换言之，就是解决工会到底站在谁的立场，维护谁的利益，为谁说话和为谁办事的问题。在现行体制下，就可操作性而言，工会独立性建设还不可能抛开现有工会系统另起炉灶，可行的方法是企业的工会领导成员必须通过工人民主选举产生，杜绝行政任命或资方委派工会主席的现象，在条件成熟的地区，允许工人自行建立基层工会，按照《工会章程》和《工会法》独立自主开展工作，不受企业行政系统干预，最大限度地保护工人利益。

（三）集体谈判制度的促进

集体谈判制度是市场经济国家协调劳动关系，平衡劳资力量，解决劳资冲突的重要手段之一。劳资双方所追求目标的差异性使得二者矛盾极易发生，集体谈判制度的建立可以为矛盾的缓解提供渠道，将规则外博弈纳入规则内，以"规范性博弈"来化解冲突。因此，为劳资双方的集体谈判建立程序规制，确保劳资双方能够平等协商，这也自然成为劳动关系中政府的主要职责所在。

1. 集体谈判是由劳资双方自主协商来决定就业条件的，从其字面就可看出，但是，这并不代表政府在集体谈判过程中无所作为

尤其是我国，由于历史和制度上的原因，企业层面的工会不能够切实代表广大职工的根本利益，致使集体谈判多流于形式，有违制度设立之初衷。这也就决定了我国政府在集体谈判中的作用，不单要建立谈判规则，还要确保资方能够诚实地与职工代表谈判，而职工代表也能够真实地反映企业职工的利益诉求，得到职工的信赖。当然谈判具体内容政府是不应干涉的，只要不违反国家有关劳动基准的规定，就应当交由双方自行协商。那么，政府对集体谈判的促进，是要建立一个公平合理的程序规制，通过宣传推广集体谈判制度，引导企业逐步建立健全集体谈判制度，保障劳动者与资方能够平等对话，以谈判的方式解决劳资问题，防止企业内部矛盾的升级。

2. 立法上加以保障

虽然我国的《劳动法》、《工会法》、《集体合同规定》等法律法规制定了集体谈判的基本规则，比如《劳动法》中关于集体谈判的规定："职工一方与企业

可以就劳动报酬、工作时间、休息休假、劳动安全卫生、保险福利等事项，签订集体合同。"规定中的"可以"，并非是强制性条款，而是选择性条款，实际上具有劳资双方自治的含义。2001年《工会法》增加了关于雇主拒绝集体谈判的条款，该法规定："违反本法规定，有下列情形之一的，由县级以上人民政府责令改正，依法处理……无正当理由拒绝进行平等协商的。"这一规定比《劳动法》的规定进了一步，但要将此规定付诸实施，则须进一步增加其可操作性，如明确何谓"无正当理由"，政府如何"责令改正"，及如何"依法处理"。劳动和社会保障部2003年发布的《集体合同规定》，虽然对集体协商作了较详细的规定，但一方面由于这只是一个部门规章，法律效力不大；另一方面，同样存在操作方面的问题，对雇主的拒绝、敷衍和控制行为难以起到制约作用。这些法律法规内容简单、原则性、操作性不够以及强制性不足等问题，迫切需要从立法上加以完善。

针对这一社会现实，应制定专项的《集体合同法》，提高集体协商的规则层次，明确劳资双方在协商谈判中的权利义务、谈判程序等，用强制性的规定促使双方在矛盾出现时以规范的方式来解决纠纷，同时要加强工会的组织建设，通过工会主席专职化改革、政府财政对工会的经费支持等方式增加工会在集体谈判中的力量，保证其更好地代表劳动者行使发言权，维护劳动者权益。

（四）劳动争议调解机制的完善

政府是国家权力的执行机关，在事关国家重大的宏观经济政策和对社会发展有重大影响的劳动关系的内容上，政府应适时参与，有所作为：制定法律和重大经济政策，调整劳动关系及相关劳动问题，如制定工时制度、确定最低工资标准、确定劳动条件标准和劳动保护措施、社会保险福利制度等；当劳资双方在某一时期或某一问题上出现分歧、双方力量明显失衡、劳动关系的协商面临困境时，采取强硬的调整措施，使双方力量保持平衡；监督和指导集体合同的订立，确保劳资双方协商内容的公平、合理、合法、完备和可行等。

总之，政府应该充分发挥管理和调节的作用，成为劳动关系的"和谐之手"。劳动者与出资方产生劳动争议的时候，必须有一个独立、公正的第三方出现，来维持争议，保障劳动关系的和谐稳定。在工业化时期政府应担当这一角色，无论是出于社会稳定还是促进经济发展的考虑或维持自身公信力的考量。我国劳动争议处理的"一调一裁二审"机制，决定了我国当前处理劳动争议的机构由隶属于人力资源和社会保障部的劳动争议处理机构和司法机构来负责，这必然决定了处理争议的迟缓性、效率低下的特点。尤其两个机构对劳动争议的时效性的不同解释为争议处理增添了诸多障碍，两个机构对劳动争议处理缺乏专门的人员，致使劳动争议的处理缺乏准确性、权威性。当前我国政府急需设立一个独立的不受地方政府干扰的专门性的劳动争议处理机构；同时，要加大对违反劳动法法律体系，侵犯劳动者权益的雇主的处罚力度。改革过去单纯停留在经济上处罚的老路子，可以适当考虑对情节严重者增加刑罚上的处罚，以香港地区为例，对拖欠职工工资者处以监禁。

（五）完善劳动监察制度

劳动监察保障劳动法律、法规有效实施的主要手段就是劳动行政处罚。由于劳动法律法规尚处于不断完善时期，现阶段劳动行政处罚存在许多难点，如操作难、落实难、达到预期效果难等。目前的劳动法律法规在工资支付、工作时间、保险费缴纳等方面违法行为的处罚上做了明确规定，但条例、规章的法律效力适应不了当前工作的需要，在劳动保护、职业培训、职工福利等方面缺乏法律保障规定。而且对用人单位无理阻挠劳动保障监督检查行为的处罚缺乏威严。劳动监察到用人单位督促检查往往受到门卫、主管人员、会计等无理阻挠，且不论罚款数额高低，单罚款如何落实及过程就足以影响劳动监察工作的办案效率及威信。劳动行政处罚的种类包括警告、罚款、没收违法所得、暂扣或者吊销许可证、责令停产停业等，但许多处罚劳动监察部门勉为其难，必须通过其他部门配合才能达到目的。存在操作难、落实难的问题。而且《行政诉讼法》赋予了用人单位"民告官"的权利，在促使劳动行政部门依法行政的同时，也使劳动监察部门疲于应付，尽管大部分案件都以劳动行政部门胜诉告终，但一场官司下来，往往耗费大量人力财力。以上问题困扰着劳动监察工作的进一步开展，影响劳动法律法规的实施与落实，亟须加以克服和解决。

进一步充实加强劳动监察队伍，加大劳动执法力度，确保劳动保障工作在法制轨道上运行。劳动监察队伍作为《劳动法》的执行者和捍卫者，在维护劳动者权益方面起到了积极作用。但也应看到，劳动监察执法力度、执法水平与现实工作的需要及劳动者的要求还有不少差距。在现有条件下，应该进一步充实加强劳动监察执法人员执法力度，建立一整套行之有效的培训、进修机制，不断提高这支队伍的整体素质，使之在任何条件下、任何情况下都能立于不败之地，要从物质上保证这支队伍的工作需要，统一着装，体现法律的尊严；配齐必要的交通、通信、摄影摄像工具，体现纪律严明、快速反应、来之能战、战之能胜的执法风格。通过劳动监察的执法，带动整个劳动管理工作在法制化轨道上运行。

（六）促进产业民主制度的建设

韦伯夫妇在19世纪提出的产业民主这一概念，实质上是工厂的民主，即古希腊民主在工厂中的应用。其作为一种增进员工参与管理决策之各项政策或措施的总称，旨在除去由资方或管理人员专断的旧式管理方式，而代之以让员工有机会表示意见或申诉，使员工的权益获得资方或管理人员的尊重。在过去计划经济体制下，社会主义劳动主权，带有过多的意识形态色彩，强调职工人人都是企业主人，他们以平等身份分享企业的最终收益权和最终委托权。但是，实际上职工人人都不是真正占有者，国家作为抽象的实体代表全民占有生产资料。这必然造成职工不可能从财产关系上切实感到自己是企业的所有者，也不会对企业的经营管理感兴趣。政府采取促进民主制度，要在变革企业产权关系的过程中通过一定程序和满足一定条件，使职工真正成为企业的主人。

1. 公有制企业产业民主的促进

完善以职工代表大会为基本形式的企业民主制度，适当增加来自基层的职工代表在职代会中的比例。作为职工组织的工会，与企业通过集体协商签订集体合同的草案，依据我国的有关法律规定需要经过职工代表大会讨论通过，这是一项保障广大职工基层民主权利的制度，但一个关键问题是，在过去利益一体化下企业劳动关系中的职代会组成模式是否能够与当前产权改革的思路相适应，劳动者作为一个货币工资者所追求的是个人收益的最大化，而企业高层管理人员作为法人代表追求的是利润的最大化，二者在根本的利益上是对立的。国有企业职代会推进过程中最大的问题是流于形式化，这一问题的解决需要进一步的法制完善，将职工代表大会的运行程序化、制度化，明确企业行政对于职代会不能够有效运行的相关责任。同时要发挥各级工会以及各级政府对职代会的指导和监督作用，真正将其落到实处，使其不要在企业的民主管理中处于可有可无的状态。

2. 非公有制企业产业民主的促进

私有制企业作为一个利益主体明确的经济组织，对职代会有抵触的情绪不能够积极配合。职工代表大会所需的企业经营信息以保密为由不能够有效提供，致使职代会不能有效地开展工作。针对私营企业这一特点，可以分步地进行产业民主的推进，我国工会法所规定的其他非公企业以适当的方式进行，不一定要拘泥于职工代表大会这一形式。当前，政府积极推广的厂务公开可以在私有企业大有作为。厂务公开是指企业依照有关法律法规规定，将与本单位发展和广大职工切身利益密切相关的问题，通过适当形式向广大职工公开，吸收广大职工参与决策、管理和监督的民主管理制度，其实质强调了职工对企业的民主管理和民主监督的权利。虽然其是职工代表大会的进一步推广促进方式，但是具有较强的灵活性特点，这是各种类型企业易于接受的。在非公有制企业推进厂务公开，可以与国外人力资源管理推行的员工参与相结合，可以企业内部的人力资源管理为主导，通过对企业内部有关员工权益事务的公开化、透明化来实现劳资双方的有效沟通，缓和劳资矛盾，降低企业的人员流动率，提高生产效率。

附 件

附件一

内蒙古自治区 2014 年城乡居民
最低生活保障标准一览表

地区	旗县（市、区）	城市保障标准（元/月）	农村牧区保障标准（元/年）	地区	旗县（市、区）	城市保障标准（元/月）	农村牧区保障标准（元/年）
呼和浩特市	平均标准	546	3650	兴安盟	平均标准	407	2698
	新城区	365	3650		乌兰浩特市	425	3156
	回民区	365	3650		阿尔山市	415	
	玉泉区	565	3650		科右前旗	393	2734
	赛罕区	565	3650		科右中旗	393	2600
	土左旗	515	3650		扎赉特旗	397	2615
	托县	515	3650		突泉县	391	2669
	和林县	515	3650	通辽市	平均标准	487	3383
	清水河县	515	3650		科尔沁区	500	3500
	武川县	515	3650		霍林郭勒市	530	
包头市	平均标准	560	4900		科左中旗	470	3300
	东河区	565			科左后旗	470	3300
	昆都仑区	565			开鲁县	470	3500
	青山区	565			库伦旗	470	3300
	石拐区	565			奈曼旗	470	3300
	白云矿区	565			扎鲁特旗	470	3500
	九原区	565			开发区	530	3600

续表

地区	旗县（市、区）	城市保障标准（元/月）	农村牧区保障标准（元/年）	地区	旗县（市、区）	城市保障标准（元/月）	农村牧区保障标准（元/年）
包头市	土右旗	515	4900	赤峰市	平均标准	442	2861
	固阳县	515	4900		红山区	490	3690
	达茂旗	565	4900		元宝山区	441	3051
	稀土高新区	565			松山区	440	2863
呼伦贝尔市	平均标准	448	3093		阿鲁科尔沁旗	427	2746
	海拉尔区	480	3200		巴林左旗	425	2750
	扎兰屯市	460	3100		巴林右旗	422	2754
	牙克石市	460	3100		林西县	431	3084
	额尔古纳市	430			克什克腾旗	440	2908
	根河市	430			翁牛特旗	445	2850
	阿荣旗	460	3100		喀喇沁旗	427	2745
	莫旗	450	3100		宁城县	431	2751
	鄂伦春旗	430	2900		敖汉旗	439	2817
	鄂温克旗	460	3100	锡林郭勒盟	平均标准	500	3330
	新右旗	460	3100		锡林浩特市	510	6120
	新左旗	460	3100		阿巴嘎旗	500	3650
	陈旗	460	3200		苏尼特左旗	510	3950
锡林郭勒盟	苏尼特右旗	490	2850	巴彦淖尔市	五原县	432	3216
	东乌旗	610	7320		磴口县	432	3000
	西乌旗	510	3600		乌拉特前旗 农村	443	3000
	太仆寺旗	430	2700		乌拉特前旗 牧区		3012
	镶黄旗	510	3800		乌拉特中旗 农村	446	2928
	正镶白旗	430	2800		乌拉特中旗 牧区		3744
	正蓝旗	500	3330		乌拉特后旗	451	5412
	多伦县	510	3500		杭锦后旗	433	3156
	乌拉盖管理区	510	6120	乌海市		570	
乌兰察布市	平均标准	450	3181	阿拉善盟	平均标准	561	5442
	集宁区	461	3669		阿左旗	560	5436
	丰镇市	441	3259		阿右旗	560	5448
	卓资县	458	3153		额济纳旗	563	
	化德县	442	2894		阿拉善经济开发区	574	5616
	商都县	457	3196		孪井滩生态移民示范区	559	5436
	兴和县	430	3155	满洲里市		540	
	凉城县	441	3403	二连浩特市		530	
	察右前旗	434	3188				
	察右中旗	442	3101				
	察右后旗	457	3163				
	四子王旗	464	3207				
	开发区						

续表

地区	旗县（市、区）	城市保障标准（元/月）	农村牧区保障标准（元/年）	地区	旗县（市、区）	城市保障标准（元/月）	农村牧区保障标准（元/年）
鄂尔多斯市	平均标准	527	4858				
	东胜区	580	5040				
	达拉特旗	495	4824				
	准格尔旗	499	4824				
	鄂托克前旗	495	4824				
	鄂托克旗	495	4824				
	杭锦旗	495	4824				
	乌审旗	560	4824				
	伊金霍洛旗	610	5040				
	康巴什新区	535	4860				
巴彦淖尔市	平均标准	441	3314				
	临河区	441	3144				

注：全区城市保障标准达到月人均472元，农村牧区保障标准达到年人均3229元。

附件二

内蒙古自治区最低生活保障工作绩效评价办法

第一条 为进一步加强最低生活保障（以下简称低保）工作，不断提高管理服务水平和资金使用效益，切实维护困难群众基本生活权益，根据《国务院关于进一步加强和改进最低生活保障工作的意见》（国发〔2012〕45号）和《自治区人民政府关于加快推进按标施保工作进一步完善城乡居民最低生活保障制度的指导意见》（内政发〔2010〕127号）、《自治区政府办公厅转发民政厅关于进一步加强和改进最低生活保障工作的意见》（内政办发〔2013〕66号）等有关规定，制定本办法。

第二条 本办法所称低保绩效评价是指运用科学合理的评价办法、指标体系和评价标准，全面客观衡量各盟市年度低保工作的规范性、效率性及资金安排使用的有效性和合理性。

第三条 低保工作绩效评价由自治区民政厅、财政厅负责组织实施。根据需要，也可以委托地方民政、财政部门或具备资质的事业单位、社会组织、中介机构等第三方组织具体实施。

第四条 低保工作绩效评价是将城乡低保资金分配与城乡低保管理服务工作实绩挂钩，实行绩效考评，充分调动各地做好城乡低保工作规范化精细化管理的积极性，提高资金使用效益，促进城乡低保政策贯彻落实，切实保障困难群众基本生活。

第五条 低保绩效评价的指标体系由系统反映低保工作保障、工作管理和工作效果3个方面，具体包括组织保障、资金保障、能力建设、机制保障、标准制定、制度完善、对象管理、资金执行、机制创新、日常管理、监督检查、对象准确率、补助准确率、政策知晓率、社会满意度15个评价指标。

指标体系及评价标准按照绩效评价实际由自治区民政厅、财政厅进行年度调整、修订并下发各地执行。

第六条 低保绩效评价工作坚持实事求是、客观公正、注重实绩、科学合理、公开透明、激励鞭策的原则，每年度进行一次。做到常规工作与鼓励探索创新相结合，定性评估与定量考评相结合，把握重点与综合评估相结合，平时工作与年终考核相结合。

第七条 低保绩效评价目标是低保政策得到认真贯彻落实，规范城乡低保工作，科学测定保障标准和补助水平，全面实施家庭经济状况核对工作，做到有申请必受理、受理必回复，审核审批程序规范透明，动态管理力度大、效果明显；

牢固树立公共财政意识，足额列支保障资金和工作经费，确保专款专用；保障资金社会化发放及时、足额；最终实现低保制度的公开、公平、公正和科学、透明，切实发挥"兜底"保障的功能，维护困难群众合法权益和社会公平正义。

第八条　低保资金绩效考评的主要依据。

1. 主要政策依据。国家相关法律法规以及《国务院关于进一步加强和改进最低生活保障工作的意见》（国发〔2012〕45号）和《自治区人民政府关于加快推进按标施保工作进一步完善城乡居民最低生活保障制度的指导意见》（内政发〔2010〕127号）、《自治区政府办公厅转发民政厅关于进一步加强和改进最低生活保障工作的意见》（内政办发〔2013〕66号）等政策文件及相关财务制度等。

2. 相关资料。各地低保工作情况、相关统计数据、财政和民政系统报表、财务决算、数据库资料、专项检查报告、调查报告、信息宣传及其他相关资料。

第九条　低保绩效评价采用评分法，满分为100分。评价分为优秀、良好、合格、不合格四个等级。得分90分以上为优秀，80分以上90分以下为良好，60分以上80分以下为合格，60分以下为不合格。

第十条　低保绩效评价采用以下步骤：

（一）自我评价。每年1月底前，各盟市人民政府民政、财政部门应根据本办法，对照低保绩效评价指标和评价标准，对上年度本地区低保工作进行绩效自评，并将自评报告报自治区民政厅、财政厅。

（二）实地核查。每年3月底前，自治区民政厅和财政厅组织力量对各盟市上年度低保工作情况进行实地核查。

（三）综合评价。每年4月中旬前，自治区民政厅、财政厅根据各盟市自评情况、实地核查情况和相关数据及日常工作情况，对各盟市低保工作绩效做出量化评价，划定绩效等级。

（四）通报。每年4月底前，自治区民政厅、财政厅将上年度低保绩效评价结果通报各盟市人民政府及民政、财政部门，对评价结果为优秀的予以表扬，对评价结果为不合格的盟市有关部门负责人进行约谈。同时，将评价结果作为分配以奖代补资金的重要参考指标。

第十一条　自治区以奖代补资金除国家下达的以奖代补资金外，还包括自治区本级当年安排城乡低保补助资金的一定比例，具体额度由自治区财政厅商民政厅确定。以奖代补资金主要用于城乡低保资金。

第十二条　对在低保工作绩效评价中弄虚作假、瞒报谎报情况的，予以通报批评；情节严重的，绩效直接评价为不合格等级。

第十三条　各盟市民政、财政部门应根据本办法，结合当地实际，制定本行政区域低保工作绩效评价办法，并组织开展对所辖地区的年度绩效评价。

2014年度内蒙古自治区最低生活保障工作绩效评价指标和评价标准

评价指标	评价内容	分值	评价标准
工作保障 30分	组织保障	6	盟市、旗县建立社会救助工作领导（协调）机制得2分，专题研究社会救助工作得2分，将低保政策落实情况纳入地方党委或政府绩效考核得2分，否则不得分
	资金保障	6	盟市、旗县财政扣除自治区按人均财力分档补助外，明确盟市、旗县的配套比例，按低保对象人数和补助标准足额安排预算得6分；否则不得分；虚列虚支扣6分
	能力建设	12	盟市对配备基层社会救助工作人员和工作经费做出具体规定或按自治区规定配备工作人员和工作经费得3分，否则不得分。盟市级财政安排基层困难地区社会救助工作经费得3分，否则不得分。盟市级组织开展基层社会救助工作人员业务培训得3分，否则不得分。低保信息管理系统应用规范得3分，否则不得分
	机制保障	6	盟市对建立救助申请家庭经济状况核对机制做出具体规定并开展信息系统核对工作得3分，否则扣3分。2014年地区内80%以上的旗县区建立信息系统核对机制得3分，否则不得分；旗县（市、区）为单位每降低3个百分点扣1分
工作管理 43分	标准制定	4	保障标准按照自治区规定的测算公式测算并按照自治区下达的保障标准公布执行的，得4分；否则不得分
	制度完善	3	盟市政府出台贯彻国家45号、内蒙古自治区127号、内蒙古自治区66号文件的具体意见和其他配套政策得3分，每少配套一项政策扣1分，扣完为止
	对象管理	10	盟市年累计进出低保总人次占月平均低保对象比例与全区平均比例相比，相差在10个百分点内，得2分；相差在10个百分点外，每增加或降低3个百分点扣0.5分，扣完为止。盟市建立低保家庭人口、收入和财产状况定期报告制度的，得1分，否则不得分。按照对象的收入来源、劳动能力等状况建立分类核查制度的，得1分，否则不得分。按照有关文件要求，对有劳动能力的低保对象进行扶贫和就业扶持的，得1分，否则不得分。档案建设与管理符合相关要求得1分，否则不得分。建立并开展近亲属备案制度得2分，否则不得分。建立并开展异地核查制度得2分，否则不得分
	资金执行	10	地方各级财政部门按照自治区规定及时下达补助资金的，得3分，否则不得分。旗县市区按规定时间足额发放低保金得3分，否则扣3分。年终低保资金滚存结余小于当年支出总额10%的，得4分，每增加1个百分点扣0.5分，扣完为止
	机制创新	4	积极参与自治区、部确定的示范试点活动，示范试点工作达到预期目标，获得自治区、部认可得2分，否则不得分；积极推进社会救助工作规范管理和创新，打造工作亮点，在自治区以上会议或刊物介绍经验、发表经验型文章，自治区、部转发的得2分，否则不得分

续表

评价指标	评价内容	分值	评价标准
工作管理 43分	日常管理	2	按时报送工作材料及有关报表，做到内容真实，数据准确得2分，否则不得分
	监督检查	10	盟市建立低保经办人员和村（居）委会干部近亲属享受低保备案制度得2分，否则不得分。盟市开展低保政策落实情况专项检查得3分，否则不得分。盟市设立低保举报投诉电话得1分，否则不得分。不存在被媒体曝光，群众举报查证属实或被纪检、监察、审计部门查处的违规、违纪、违法案件问题的，得4分，如存在上述问题的，每件扣0.5分，扣完为止
工作效果 27分	对象准确率	10	按照盟市低保家庭的一定比例进行抽样，低保对象准确率高于98%得10分，每降低1个百分点扣1.5分，扣完为止
	补助准确率	8	按照盟市低保家庭的一定比例进行抽样，低保金补差或者分档核定准确率高于或等于95%得5分，每降低3个百分点扣1分，扣完为止。低保金按时发放率高于或等于95%得5分，每降低3个百分点扣1分，扣完为止
	政策知晓率	5	盟市在自治区及以上主流媒体宣传社会救助工作不少于4次得2分。旗县印刷社会救助政策宣传手册或宣传单并宣传到位得1分。取抽样方式，问卷或者电话调查社会公众对低保政策的了解程度，知晓率高于80%得2分，每降低3个百分点扣0.5分，扣完为止
	社会满意度	4	采取抽样方式，问卷或者电话调查社会公众和低保对象对低保工作的满意度，社会公众满意度高于80%得2分，每降低3个百分点扣0.5分，扣完为止；低保对象满意度高于80%得2分，每降低3个百分点扣0.5分，扣完为止

附件三

内蒙古自治区人民政府关于进一步完善城乡居民基本养老保险制度的意见

内政发【2015】21号

各盟行政公署、市人民政府，自治区各委、办、厅、局，各大企业、事业单位：

根据《国务院关于建立统一的城乡居民基本养老保险制度的意见》（国发〔2014〕8号）精神，结合自治区实际，现提出如下意见：

一、指导思想

高举中国特色社会主义伟大旗帜，以邓小平理论、"三个代表"重要思想、科学发展观为指导，按照全覆盖、保基本、有弹性、可持续的方针，以增强公平性、适应流动性、保证可持续性为重点，不断完善覆盖全体城乡居民的基本养老保险制度，充分发挥社会保险对保障人民基本生活、调节社会收入分配、促进城乡经济社会协调发展的重要作用。

二、任务目标

坚持和完善社会统筹与个人账户相结合的制度模式，巩固和拓宽个人缴费、集体补助、政府补贴相结合的资金筹集渠道，完善基础养老金和个人账户养老金相结合的待遇支付政策，强化长缴多得、多缴多得等激励机制，建立基础养老金正常调整机制，健全服务网络，提高管理水平，为参保居民提供方便快捷的服务。2020年前，全面建成公平、统一、规范的城乡居民养老保险制度，与社会救助、社会福利等其他社会保障政策相配套，充分发挥家庭养老等传统保障方式的积极作用，更好保障参保城乡居民的老年基本生活。

三、参保范围

年满16周岁（不含在校学生），非国家机关和事业单位工作人员及不属于职工基本养老保险制度覆盖范围的城乡居民，可以在户籍地参加城乡居民养老保险。

四、基金筹集

城乡居民养老保险基金由个人缴费、集体补助、政府补贴构成。

（一）个人缴费。城乡居民养老保险参保人员应当按规定缴纳养老保险费，缴费标准为每年100元、200元、300元、400元、500元、600元、700元、800元、900元、1000元、1500元、2000元、3000元13个档次。自治区人力资源社会保障厅会同财政厅依据城乡居民收入增长等情况适时调整缴费档次标准。参保人自主选择档次缴费，多缴多得。

（二）集体补助。有条件的嘎查村集体经济组织应当对参保人缴费给予补助，补助标准由嘎查村民委员会召开嘎查村民会议民主确定，鼓励有条件的社区将集体补助纳入社区公益事业资金筹集范围。鼓励其他社会经济组织、公益慈善组织、个人为参保人缴费提供资助。补助、资助金额不超过当地设定的最高缴费档次标准。

（三）政府补贴。政府对符合城乡居民养老保险待遇领取条件的参保人全额支付基础养老金。政府按照100元至3000元13个缴费档次给予补贴，选择100元至400元缴费档次的分别补贴30元、35元、40元、45元；选择500元至1000元缴费档次的分别补贴60元、65元、70元、75元、80元、85元；选择1500元、2000元、3000元缴费档次的，补贴85元。

对城乡低保户、重度残疾人、五保供养等缴费困难群体，按照100元为其代缴养老保险费，允许代缴人员个人增加缴费，缴费后按照相应档次享受缴费补贴。

参保人缴费补贴、政府代缴的养老保险费以及自治区提高的基础养老金，由自治区各级财政负担。自治区原则上负担全区补贴总额的50%，盟市至少负担25%，其余部分由旗县（市、区）负担。自治区补贴依据各盟市财力状况划分为三类，重点向困难地区倾斜：一类地区补助40%，二类地区补助50%，三类地区补助60%。在上述标准基础上，盟市、旗县（市、区）可以根据财力状况适当提高补贴标准，提高部分由当地财政负担。

自治区根据经济发展和城乡居民收入增长等情况，适时调整缴费档次和补贴标准。

五、个人账户

统筹地区社会保险经办机构按照国家规定为每个参保人员建立终身记录的养老保险个人账户。个人缴费、政府对参保人的缴费补贴、政府代缴的养老保险费、集体补助及其他社会经济组织、公益慈善组织、个人对参保人的缴费资助，全部记入个人账户。个人账户储存额按国家规定计息。

六、养老保险待遇及调整

城乡居民养老保险待遇由基础养老金和个人账户养老金构成，支付终身。

（一）基础养老金。自治区确定全区基础养老金最低标准，在此基础上，对年满70周岁至79周岁的另增加10元，年满80周岁及以上的另增加20元。参保人选择200元及以上档次并且累计缴费超过15年的，每多缴1年，基础养老金提高2元。自治区建立基础养老金最低标准正常调整机制，并根据经济发展和物价变动等情况，适时调整全区基础养老金最低标准。各地区可以根据实际情况适当提高基础养老金标准。

（二）个人账户养老金。个人账户养老金的月计发标准，目前为个人账户全部储存额除以 139（与现行职工基本养老保险个人账户养老金计发系数相同）。参保人死亡，个人账户资金余额（包括政府补贴）可以依法继承。

七、养老保险待遇领取条件

参加城乡居民养老保险的个人，年满 60 周岁、累计缴费满 15 年，且未领取国家规定的基本养老保障待遇的，可以按月领取城乡居民养老保险待遇。

自新农保、城乡居民养老保险实施之日起，距规定领取年龄不足 15 年的，应逐年缴费，也允许补缴，累计缴费不超过 15 年；距规定领取年龄超过 15 年的，应按年缴费，累计缴费不少于 15 年。

有条件的地方人民政府可以结合本地实际探索建立丧葬补助金制度。

城乡居民养老保险待遇领取人员死亡的，从次月起停止支付其养老金。社会保险经办机构应每年对城乡居民养老保险待遇领取人员进行核对；嘎查村、社区协办员要协助社会保险经办机构开展工作，在嘎查村、社区范围内对参保人待遇领取资格进行公示，并与职工基本养老保险待遇等领取记录进行比对，确保不重、不漏、不错。

八、转移接续与制度衔接

参加城乡居民养老保险的人员，在缴费期间户籍迁移、需要跨地区转移城乡居民养老保险关系的，可在迁入地申请转移养老保险关系，一次性转移个人账户全部储存额，并按迁入地规定继续参保缴费，缴费年限累计计算；已经按规定领取城乡居民养老保险待遇的，无论户籍是否迁移，其养老保险关系不转移。

城乡居民养老保险制度与职工基本养老保险、优抚安置、城乡居民最低生活保障、农村五保供养等社会保障制度以及农村部分计划生育家庭奖励扶助制度的衔接，按有关规定执行。

九、基金管理和运营

各地区要进一步完善城乡居民养老保险基金财务会计制度和各项业务管理规章制度。城乡居民养老保险基金纳入社会保障基金财政专户，实行收支两条线管理，单独记账、独立核算，任何地区、部门、单位和个人均不得挤占挪用、虚报冒领，逐步推进城乡居民养老保险基金自治区级管理。

城乡居民养老保险基金按照国家统一规定投资运营，实现保值增值。

十、基金监督

各级人力资源社会保障部门要会同有关部门认真履行监管职责，建立健全内控制度和基金稽核监督制度，对基金的筹集、上解、划拨、发放、存储、管理等进行监控和检查，并按规定公开信息，接受社会监督。财政、审计部门按各自职责,对基金的收支、管理和投资运营情况实施监督。对虚报冒领、挤占挪用、贪污浪费等违纪违法行为,有关部门按国家有关法律法规严肃处理。要积极探索有嘎查村民(社区居民)代表参加的社会监督的有效方式,做到基金公开透明,制度在阳光下运行。

十一、经办管理服务

各地要切实加强城乡居民养老保险经办能力建设,结合本地区实际,科学整合现有公共服务资源和社会保险经办管理资源,充实加强基层经办力量,做到精确管理、便捷服务。注重运用现代管理方式和政府购买服务方式,降低行政成本,提高工作效率。加强城乡居民养老保险工作人员专业培训,不断提高公共服务水平。社会保险经办机构要认真记录参保人缴费和领取待遇情况,建立参保档案,按规定妥善保存。各地要为经办机构提供必要的工作场地、设施设备、经费保障。城乡居民养老保险工作经费纳入同级财政预算,不得从城乡居民养老保险基金中开支。

十二、信息化建设

各地要在自治区城乡居民养老保险信息管理系统数据大集中的基础上,强化系统应用,切实提高业务经办效率;有条件的地区要将网络延伸到行政村;大力推行全国统一的社会保障卡,方便参保人持卡缴费、领取待遇和查询本人参保信息。

十三、组织领导和政策宣传

各级人民政府要充分认识建立城乡居民养老保险制度的重要性,将其列入当地经济社会发展规划和年度目标管理考核体系,切实加强组织领导;优化财政支出结构,加大财政投入,为城乡居民养老保险制度建设提供必要的财力保障。各级人力资源社会保障部门要切实履行主管部门职责,会同有关部门做好城乡居民养老保险工作的统筹规划和政策制定、统一管理、综合协调、监督检查等工作。各地区、各有关部门要认真做好城乡居民养老保险政策宣传工作,全面准确地宣传解读政策,正确把握舆论导向,注重运用通俗易懂的语言和群众易于接受的方式,深入基层开展宣传活动,引导城乡居民踊跃参保、持续缴费、增加积累,保障参保人的合法权益。

2015 年 2 月 9 日

附件四

内蒙古自治区人民政府办公厅关于印发《内蒙古自治区本级职工基本医疗保险管理办法》等五个办法的通知

内政发【2014】111号 10月27日

各盟行政公署、市人民政府，自治区各委、办、厅、局，各大企业、事业单位：

经自治区人民政府同意，现将《内蒙古自治区本级职工基本医疗保险管理办法》、《内蒙古自治区本级职工大额医疗保险管理办法》、《内蒙古自治区本级职工基本医疗保险费用结算办法》、《内蒙古自治区本级职工基本医疗保险转诊转院和特殊医疗项目检查及治疗管理办法》和《内蒙古自治区本级职工基本医疗保险个人账户及社会保障卡管理办法》印发给你们，请认真遵照执行。

内蒙古自治区本级职工基本医疗保险管理办法

第一章 总 则

第一条 为推进我区城镇职工基本医疗保险制度改革，保障职工基本医疗，根据《国务院关于建立城镇职工基本医疗保险制度的决定》（国发〔1998〕44号）、《中华人民共和国社会保险法》、《内蒙古自治区人民政府关于建立城镇职工基本医疗保险制度的实施意见》（内政发〔1999〕74号）及国家、自治区相关法律法规，制定本办法。

第二条 自治区直属机关、事业单位，呼和浩特地区的中央直属机关和中央直属企业自治区管理机构及其职工，都要依照本办法，参加自治区本级的职工基本医疗保险。

第三条 自治区医疗保险行政部门对城镇职工基本医疗保险实施行政管理，统一领导和组织自治区本级职工基本医疗保险工作，监督检查医疗保险基金的收支情况，其主要职责是：

（一）贯彻落实国家和自治区城镇职工医疗保险的有关政策。

（二）会同有关部门制定和完善自治区城镇职工医疗保险的有关政策、制度。

（三）对申报定点的医疗机构、零售药店进行资格审定。

（四）对基本医疗保险经办机构实施行政管理和监督。

（五）对基本医疗保险各项政策执行情况进行监督、检查，查处各种违反基本医疗保险有关规定的行为。

（六）协调基本医疗保险实施工作中各部门的关系。

第四条　自治区医疗保险管理局（以下简称医保局）具有自治区机构编制委员会批文（内机编办发〔2013〕43号）规定的职能和职责。

第五条　自治区财政部门要加强对基本医疗保险基金的监督和管理；审计部门要定期对医保基金收支和管理情况进行审计；自治区卫生行政部门、药品监督部门要加强对定点医疗机构和定点零售药店的行政管理，积极推进医药卫生体制改革；自治区地税直属征收分局负责自治区本级医疗保险费的征缴。

第六条　自治区人民政府设立由政府有关部门代表、参保单位代表、医疗机构代表、工会代表和有关专家参加的基本医疗保险基金监督组织，对医疗保险基金的征缴、管理和使用进行监督。

第二章　基本医疗保险基金的筹集

第七条　基本医疗保险费由参保单位和参保人员个人共同缴纳。缴纳基数每年6月核定一次，年度内不作调整。缴纳标准为：

（一）参保单位以上年度职工工资总额为基数，按7%缴纳。

（二）参保人员个人以上年度工资收入为基数，按2%缴纳。

（三）灵活就业人员的缴费费率为参保单位与参保个人缴费费率之和。

（四）参保人员退休：

单位参保人员：

参保人员符合法定的退休条件，并同时具备以下条件者，享受退休人员医疗保险待遇：

1. 2005年6月30日以前参加医疗保险的人员，在办理医疗退休手续时，可直接变更，不再计算缴费年限。

2. 2005年7月1日后参加医疗保险的人员，办理医疗退休手续时，实际缴费年限不足20年的，须由用人单位按其退休时当月工资为基数和当年基本医疗保险单位缴费比例一次性补缴所差实际缴费月数的基本医疗保险费，其费用全部纳入统筹基金不划个人账户。

灵活就业人员：

灵活就业人员符合法定退休条件，并同时具备以下条件者，享受退休人员医疗保险待遇：

1. 医疗保险缴费年限满20年。实际缴费年限不足20年的，参照单位参保人员一次性补缴办法补缴。

2. 灵活就业人员，也可以不办理医疗退休手续，延长缴费至满20年后办理医疗保险退休手续。

（五）参保单位上年度职工平均工资低于呼和浩特地区上年度社会平均工资的80%的，以平均工资的80%为缴费基数；高于呼和浩特地区上年度平均工资300%以上的，以300%为缴费基数。

灵活就业人员的缴费基数按呼和浩特地区上年度社会平均工资的80%核定。

随着经济的发展，基本医疗保险费的费率由自治区人民政府做出相应调整。

第八条 在参加基本医疗保险的基础上，用人单位可以为职工建立补充医疗保险。补充医疗保险费在工资总额4%以内的部分，从职工福利费中列支，福利费不足列支的部分，经财政部门批准后列入成本。补充医疗保险基金由用人单位自行管理。

第九条 基本医疗保险费按月缴纳，也可以按季度、年度预缴。参保单位必须在规定时限内足额上缴。职工个人缴纳的部分由用人单位从工资中代为扣缴。

第十条 参保单位要按照《社会保险法》的有关规定，及时办理基本医疗保险登记和申报手续。参保单位的登记事项发生变更或依法终止时，应当在变更或终止之日起30日内到医保局办理变更或注销登记。

第十一条 参保单位合并、分立或转制的，接收或继承单位必须及时到医保局办理有关变更手续并清偿欠缴的基本医疗保险费、利息及滞纳金。滞纳金按《社会保险法》规定从欠缴之日起，按日加收万分之五的滞纳金。滞纳金并入医疗保险基金。滞纳金由接收单位或继承单位交纳。

第十二条 参保人员因工作调动、死亡以及与用人单位终止劳动关系，应缴清其应缴纳的医疗保险费用，并在30日内到医保局办理转换、保管、注销等手续。如不按时办理所发生的医疗费用全部由原单位承担。

第十三条 基本医疗保险费不能减免，任何单位和个人不得以任何理由拒缴或少缴。

第三章 基本医疗保险统筹基金和个人账户的建立

第十四条 基本医疗保险实行社会统筹和个人账户相结合。参保人员缴纳的基本医疗保险费全部计入个人账户；参保单位缴纳的基本医疗保险费分为两个部分，一部分用于建立统筹基金，一部分划入个人账户。

第十五条 参保单位缴纳的基本医疗保险费划入个人账户部分，按不同年龄段确定。以本人上年度工资收入为基数，年龄在45岁以下（含45岁）的职工，按1.1%比例计入个人账户；年龄在45岁以上至退休的职工，按1.3%的比例计入个人账户；退休人员按退休金总额 3.5% 的比例计入个人账户。随着基金运行情况适时调整划入比例。

在职职工实足年龄按有关部门认定的年龄确定。

第十六条 调入、调出第二条所列各用人单位的职工要及时办理个人账户有关手续。

第四章 基本医疗保险基金的支付

第十七条 基本医疗保险统筹基金和个人账户要划分各自的支付范围，按以收定支、收支平衡、略有节余的原则，分开管理、分别核算，不得相互挤占。

第十八条 个人账户主要用于支付：

（一）在定点医疗机构门诊就医、在定点零售药店购药支出的符合有关政策规定范围内的医疗费、药费。

（二）统筹基金起付标准以下的医疗费用。

（三）统筹基金起付标准以上、最高支付限额以下由个人负担的医疗费。个人账户不足支付的部分，由本人自付。

第十九条 统筹基金主要用于支付参保患者的住院、紧急抢救、经批准的特殊慢性疾病和门诊特殊检查治疗的医疗费用。

超出自治区基本医疗保险用药范围、诊疗项目和医疗服务设施范围的费用，统筹基金不予支付。

第二十条 参保人员在定点医疗机构一年内首次住院或紧急抢救，统筹基金的起付标准为：三级甲等医院为 600 元；三级乙等医院为 400 元；二级甲等及以下医院为 300 元。一年内多次住院者，从第二次住院起付标准在首次住院起付标准的基础上依次降低 20%，但三级甲等、三级乙等、二级甲等及以下医院最低不得低于 400 元、300 元、200 元。

统筹基金一个年度内所能支付的医疗费用最高限额为 20.5 万元。

第二十一条 统筹基金起付标准以上，最高支付限额以下的部分，由统筹基金和参保人员按"分段计算，累加支付"的办法按比例支付。

（一）参保人员统筹基金支付比例如下：

住院医疗费用	在职人员统筹基金支付比例			退休人员统筹基金支付比例		
	三甲	三乙	其他	三甲	三乙	其他
起付线——3.5 万元	85	90	95	88	93	98
3.5 万元以上	95	96	97	96	97	98

（二）最高支付限额以上的医疗费用，通过建立大额医疗保险的途径解决。

（三）基本医疗保险统筹基金起付标准、支付比例、最高支付限额今后随职工年平均工资和医疗消费水平的变化做相应调整。

（四）下列医疗费用不纳入基本医疗保险基金支付范围：

1. 应当从工伤保险基金中支付的；
2. 应当由第三人负担的；
3. 应当由公共卫生负担的；
4. 在境外就医的。

医疗费用依法应当由第三人负担，第三人不支付或者无法确定第三人的，由基本医疗保险基金先行支付。基本医疗保险基金先行支付后，有权向第三人追偿。

第二十二条 具有区外转院资格的定点医院确因技术、设备条件所限，诊断不明或治疗确有困难的疑难重症患者需转往区外（京、津、沪）诊治的，须由该院提出转院意见，经医保局批准后方可转院，所转医院必须是当地医保定点医院，其住院医疗费用统筹基金支付比例在第二十一条规定基础上降低5%。

第二十三条 参保人员住院治疗期间，按医嘱使用乙类药品、基本医疗保险支付部分费用的诊疗项目，在抢救、急救期间按医嘱使用血液制品、蛋白类制品的其费用均先由本人支付10%，其余部分由统筹基金和个人按规定比例支付。

第二十四条 长期异地居住、安置的退休人员和因工作需要驻外一年以上的参保人员，需要办理外埠就医的由本人选择三家当地基本医疗保险定点医疗机构和一家定点零售药店就医购药，由所在单位出具证明，经医保局批准后备案。所发生的医疗费用先由本人垫付，就医结束后，持有效凭证到医保局办理报销手续。

第二十五条 参保人员在区外因公出差或探亲期间患突发急病，在医保局备案（6个工作日内）后，所发生的医疗费用凭有效单据、诊断书及用人单位证明到医保局办理报销手续。住院医疗费用报销标准在本办法第二十一条基础上降低5%。在区内因公出差、探亲患突发疾病的参保人员，其医疗费用按本办法第二十一条报销比例执行。

第二十六条 参保单位或参保人员任何一方欠缴基本医疗保险费，从欠费的下月起所发生的医疗费用，统筹基金暂停支付，待补缴欠费后凭有关凭证到医保局办理报销手续；中断时间超过6个月以上的，中断期间发生的医疗费不予报销。

第五章 基本医疗保险基金和医疗服务的管理

第二十七条 基本医疗保险基金由医保局统一管理，纳入同级财政专户，实行收支两条线管理，专款专用，任何单位和个人不得挤占挪用，也不能用于平衡财政预算，不得从中提取经办机构事业经费。医保局要建立健全基本医疗保险预决算制度、财务会计制度和内部审计制度，加强基本医疗保险基金的管理。

第二十八条　基本医疗保险基金的银行计息办法：当年筹集的基本医疗保险基金按活期存款利息计息；上年转结的基金本息，按3个月期整存整取银行存款利率计息；存入财政专户的沉淀资金，比照3年期整存整取储蓄存款利率计息，并不低于该档次利率水平。

第二十九条　参保人员个人账户的本金和利息为个人所有，可以转结使用和依法继承。

第三十条　参保人员有权对基本医疗保险基金运营情况实施监督，也有权向用人单位和医保局查询本人的个人账户资金收支情况。

第三十一条　自治区本级职工基本医疗保险实行定点医疗机构和定点零售药店管理。参保人员可自愿选择呼和浩特市区内任何定点医疗机构和定点零售药店就医、购药。

第三十二条　医保局对定点医疗机构和定点零售药店的管理采取医疗服务协议管理的模式。定点医疗机构和定点零售药店要认真履行医疗服务协议及相关医保政策，严禁冒名顶替住院、挂床住院、分解住院等现象发生，严禁出售假药、劣药，串换药品及兑换现金等行为。

第三十三条　门诊特殊慢性病管理采取定期审核审批制度。

尿毒症进行血液透析、器官移植术后使用抗排异免疫调节药物、癌症放化疗、癌症非放化疗、冠心病（安装起搏器、置放血管支架及搭桥术后）、结核六种疾病需在门诊药物治疗的，每月审批一次。

糖尿病合并严重并发症（即并发眼底出血或渗出、并发脑血管疾病、并发周围神经炎、并发皮肤感染）、高血压Ⅲ期（即血压达到确诊高血压水平，并合并脑血管意外或高血压脑病、左心衰竭、肾功衰竭、眼底出血或渗出）、脑出血及脑梗塞恢复期（肌力在三级以下）、肝硬化肝功能失代偿期并发严重疾病、系统性红斑狼疮、帕金森氏病、精神病、慢性肾功能衰竭氮质血症期及尿毒症期、类风湿关节炎、再生障碍性贫血、骨髓增殖性疾病、硬皮病、银屑病、乙型和丙型病毒性肝炎（肝功能正常，携带病毒不需要治疗者除外）、肺纤维化十五种疾病需在门诊药物治疗的，每年审批一次。

第六章　有关人员的待遇

第三十四条　国家公务员参加基本医疗保险，并享受医疗补助政策。公务员补助基金有结余的，可与商业保险合作，用于支付参保人员医疗费用中自付部分的费用。

第三十五条 行政事业单位分流人员离职参加学习培训，仍参加原单位基本医疗保险。分流到企事业单位的人员，参加所在单位的基本医疗保险。辞职人员是否参加基本医疗保险，本着本人自愿原则，基本医疗保险费全部由本人缴纳。

第三十六条 省级干部、离休人员、老红军及"文革"中致残的全残人员不参加基本医疗保险，有关待遇不变，医疗费用按原资金渠道解决。

文革基残已退休人员参加基本医疗保险，适当照顾，在退休人员的起付标准基础上降低10%；个人账户的建立执行退休人员的办法，自付比例在退休自付比例的基础上降低两个百分点。在职文革基残人员按退休人员的标准执行。

内蒙古自治区本级职工大额医疗保险管理办法

第一条 为了解决自治区本级职工基本医疗保险参保人员因病发生的超出基本医疗保险最高支付限额以上部分的医疗费用，根据《内蒙古自治区本级职工基本医疗保险管理办法》，制定本办法。

第二条 内蒙古自治区本级职工大额医疗保险在自治区人力资源和社会保障厅统一领导下，由自治区医疗保险管理局（以下简称医保局）组织实施。

第三条 凡参加自治区本级职工基本医疗保险的单位和职工，都必须参加大额医疗保险。

第四条 大额医疗保险基金一年内的最高支付限额为10万元。

第五条 大额医疗保险基金按照以收定支、收支平衡的原则筹集。缴费标准为参保人员每人每年100元（含退休职工），由用人单位缴纳，解除劳动关系和灵活就业人员由个人缴纳。

第六条 大额医疗保险费按年度缴纳，在每年一月底前一次缴清。新参保人员的大额医疗保险费在参保时由单位一次性全额缴纳。

第七条 大额医疗保险费不建立个人账户，用人单位缴纳的大额医疗保险费全部用于建立大额补充基金。大额医疗保险费不能减免，任何单位不得以任何理由拒缴或少缴。

用人单位不按规定缴纳大额医疗保险费，暂停享受大额医疗保险待遇。

第八条 参保人员在自治区本级统筹范围内流动的，大额医疗保险关系随同转移；参保人员调离自治区本级统筹范围的，大额医疗保险关系及待遇从调离之日起终止。

第九条 参保人员在定点医疗机构发生的符合"三个目录"内的大额医疗费用，大额医疗保险基金支付比例为97%，转诊转院的支付比例为92%。

第十条 参保人员在定点医疗机构住院治疗期间按医嘱使用乙类药品和用基本医疗保险支付部分费用的诊疗项目治疗；在抢救、急救期间使用血液制品、蛋白类制品的，其费用本人自负10%，大额医疗保险基金支付90%；转往区外医院发生的费用本人自付15%，大额医疗保险基金支付85%。

第十一条 大额医疗保险基金与基本医疗保险基金分别运行，分开核算，专款专用，不得相互挤占、挪用。

第十二条 大额医疗保险基金有结余的，可与商业保险合作，用于支付参保人员医疗费用中自付部分的费用。

内蒙古自治区本级职工基本医疗保险费用结算办法

第一条 为加强自治区本级职工基本医疗保险费用的结算管理，根据《内蒙古自治区本级职工基本医疗保险管理办法》（以下简称《办法》），制定本办法。

第二条 参保人员在定点医疗机构门诊就医或到定点零售药店购药、在定点医疗机构住院治疗应由个人负担的费用，由本人与医疗机构、零售药店结算。使用个人账户资金时用社会保障卡结算，不足部分由本人现金支付。

第三条 自治区本级参保职工在定点医疗机构、定点零售药店刷卡支付的基本医疗保险个人账户基金，自治区医疗保险管理局（以下简称医保局）与定点医疗机构、定点零售药店按月结算。

（一）结算方式：定点医疗机构、定点零售药店应在金融机构开设基本医疗保险个人账户基金结算账户，并将开户银行名称和账号报医保局备案，医保局将实行转账结算。

（二）结算程序：定点医疗机构、定点零售药店每日需进行结账，月底汇总后在次月的1日至5日（节假日顺延）将上月基本医疗保险个人账户刷卡月结算单和结算发票上报医保局，同时将消费明细、日结算单、处方等资料妥善保管备查。

医保局基金管理部门每月对定点医疗机构、定点零售药店的上报材料进行审核，审核无误后，将基本医疗保险个人账户基金与两定机构进行结算。

第四条 参保人员住院发生的由统筹基金支付的医疗费用按"总额预付"下的多种付费方式进行结算。

医保局区别不同级别的定点医疗机构，参照以前年度或季度每人次住院发生的平均医疗费用，剔除不合理因素，合理制定总量指标和每人次住院平均定额管理标准。定额标准随基本医疗保险基金筹集比例的变化作相应调整。

第五条 定点医疗机构住院医疗费用定额标准可上下浮动10%，定点医疗机构实际发生的费用，超过定额标准10%～15%的，定点医疗机构和医保局各自承担超标部分的50%；超过定额标准15%以上的部分，全部由定点医疗机构承担。

定点医疗机构实际发生的费用低于定额标准10%～15%的结余费用，将其结余部分的50%奖给定点医疗机构；实际发生的费用低于定额标准15%以下的，医保局按实际发生的医疗费用结算。

实行"总额控制"的定点医疗机构，实际发生的费用低于年度总额控制标准，结余的费用全部归定点医疗机构。

定点医疗机构每月将参保患者的出院费用明细月报表汇总后上报医保局，审查合格后，医保局先支付其费用的90%。

第六条 参保人员住院期间，按医嘱使用基本医疗保险支付部分费用的诊疗项目，须经定点医疗机构医保部门批准，其费用均先由本人支付10%，其余90%由统筹基金和个人按规定比例支付；按医嘱使用《内蒙古自治区基本医疗保险药品目录》所列乙类药品，其费用均先由本人支付10%，其余90%由统筹基金和个人按规定比例支付。

第七条 参保人员门诊就医因病需做特殊治疗者，须经医保局批准，起付标准（300元）以上，最高支付限额以下的费用，由统筹基金和个人按规定比例支付。

第八条 急危重症参保人员在急救、抢救期间按医嘱使用血液制品、蛋白类制品的，可先使用，并在5日内到定点医疗机构医保部门补办审批手续，其费用先由本人支付10%，其余90%由统筹基金和个人按规定比例支付。

第九条 参保人员住院床位费标准按自治区物价部门规定的普通住院病房床位费标准确定，需隔离以及危重病人的住院床位费，先由个人支付20%，其余部分按规定比例支付。

第十条 参保人员在本级定点医疗机构发生的急诊费用（限三天内）和留观费用，由定点医疗机构负责按规定标准直接结算。

参保人员因公出差或探亲期间发生的符合有关规定的住院或紧急抢救的医疗费用，先由参保单位或个人垫付，诊治结束后，凭所在单位出具的因公出差证明、就诊医疗机构的病历资料或复印件、诊断证明、复式处方、医疗费收据等有效凭证，到医保局办理支付手续。在区外（不包含国外、港澳台地区）发生的费用，报销比例在本地住院报销标准的基础上减低5%，在区内发生的费用按本地住院报销标准执行。

第十一条 经医保局审核批准转往区外定点医疗机构诊治的参保人员发生的医疗费用，先由本人垫付。诊治结束后由所在单位凭转院审批手续、病历资料或复印件、医疗费收据、社会保障卡等有效凭证到医保局审核后按有关规定支付，报销比例在本地住院报销标准的基础上降低5%。经批准转往区外定点医疗机构诊治和复查的，未住院的连续7天内的门诊检查费用列入基本医疗保险支付范围，目录内费用支付70%。急诊、转院和复查的起付线标准比照住院起付线标准规定执行，并与住院起付线合并计算。

第十二条　异地安置退休人员和因工作需要驻外工作一年以上的参保人员，在当地定点医疗机构和定点零售药店发生的符合有关规定的门诊、住院或紧急抢救的医疗费用，由本人或家属持外埠就医审批表、所住定点医疗机构或定点零售药店的病历资料或复印件、诊断证明、复式处方、医疗费用结算单等有关凭证到医保局办理支付手续。住院医疗费用按参保所在地住院报销比例执行，门诊医疗费从个人账户中支付。

第十三条　参保人员中断基本医疗保险关系6个月以内接续关系的，按5.5%的费率一次性补交中断期间的基本医疗保险费及滞纳金后，可继续享受基本医疗保险待遇，但不划个人账户，缴费年限可连续计算；超过6个月以上接续医疗保险关系的，按5.5%的费率一次性补交中断期间的医疗保险费及滞纳金，并设立一年准入期，缴费年限可连续计算，但不划个人账户，中断期间的医疗费用不予报销。

第十四条　医保局对统筹基金和个人账户基金要分别管理，严格按照各自的支付范围结算，不得相互挤占。

第十五条　医保局每年对定点医疗机构进行履行基本医疗保险服务合同情况的评价。达到合同约定要求的，自治区医保局给付剩余部分；未达到的，按协议予以扣减。

内蒙古自治区本级职工基本医疗保险转诊转院特殊医疗项目检查及治疗管理办法

为了加强和规范自治区本级基本医疗保险参保人员转诊转院、特殊医疗项目检查及治疗的管理，根据《内蒙古自治区本级职工基本医疗保险管理办法》制定本办法。

一、转诊、转院的审批管理

第一条　定点医疗机构实行首诊医疗机构和首诊医师负责制，参保人员因病确需到定点医疗机构住院诊治时，定点医疗机构要严把住院审核关，严禁收治不符合住院条件的患者。

第二条　定点医疗机构转诊、转院原则上由低等级定点医疗机构转往高等级定点医疗机构（专科疾病除外），同级别定点医疗机构之间相互转院，只限于转出定点医疗机构缺少某种必须的医疗设施或对症治疗手段而无法医治的患者。

第三条　定点医疗机构因诊疗技术、设备条件所限，参保人员因患疑难重症疾病需转往区外定点医疗机构诊治，须经具有区外转院资格的定点医疗机构组织专家会诊后提出转院意见，并提供翔实的转院病情介绍，定点医疗机构医保部门审核登记，主管院长签字加盖本院转院专用章后，自治区医疗保险管理局（以下简称医保局）审批同意后方可转院。

第四条　外转参保患者确诊后回原定点医疗机构治疗，原定点医疗机构必须接收患者就诊治疗，但不得挂牌住院。

第五条　参保人员转往区外医疗机构门诊就医诊治时间为20天；住院治疗时间原则上不超过60天，如病情危重需延长时间者，应在转院期满前10日内到医保局办理转院延期手续。

第六条　经首诊定点医疗机构确诊的传染病、精神病患者，须经医保局办理转院手续后，方可到专科医疗机构治疗。

二、特殊医疗项目检查和治疗的审批管理

第七条　特殊医疗项目检查指在明确诊断过程中，医疗机构通过特殊的检查仪器、设备所进行的病情检查，单项费用在200元以上（含200元）的检查项目。如CT、核磁共振等。

特殊治疗指为治疗某种疾病所采取的特殊治疗手段。如人工器官安装、置换、体外碎石等。

第八条　参保人员住院期间因病需做特殊检查及特殊治疗者，先由定点医疗机构经主治医师提出建议并填写《特殊检查及特殊治疗审批表》，经科室主任签字后到定点医疗机构医保部门审核备案，再到医保局审批备案。

急危重参保患者需进行特殊检查和特殊治疗时可先行检查与治疗，5日内办理相关审批手续。

第九条　参保人员因病确需在住院期间进行单项收费在200元以上（含200元）的特殊检查和治疗，其费用结算按照《自治区本级职工基本医疗保险费用结算办法》中有关规定执行。

第十条　各定点医疗机构应严格掌握特殊医疗项目检查及治疗适应症，不得随意扩大检查治疗项目。凡未按规定程序审批的特殊检查和特殊治疗所发生的医疗费用，医保局不予支付。

内蒙古自治区本级职工基本医疗保险
个人账户及社会保障卡管理办法

第一条　为切实加强自治区本级基本医疗保险个人账户管理，方便参保人员就医购药，根据《内蒙古自治区本级职工基本医疗保险管理办法》，制定本办法。

第二条 自治区医疗保险管理局（以下简称医保局）按照公民身份证号码、单位代码为本级所有参保人员逐一建立基本医疗保险个人账户，并负责对其使用情况进行监督管理。

第三条 基本医疗保险个人账户采用社会保障卡管理。

第四条 基本医疗保险个人账户的构成及资金来源详见《内蒙古自治区本级职工基本医疗保险管理办法》。

第五条 参保人员如遇转岗分流、退休等特殊情况，医保局将依据《内蒙古自治区本级职工基本医疗保险管理办法》中有关规定及时调整缴费比例和个人账户资金划入比例。

第六条 参保人员因病或其他原因死亡的，停止划入个人账户资金，其个人账户予以注销，个人账户资金有结余的可由其继承人继续使用；需领取个人账户结余资金的由所在单位医疗保险专管人员到医保局办理手续。

第七条 参保人员个人账户本金和利息归个人所有，定向用于医疗消费，超支不补，结余滚存。具体计息办法按《内蒙古自治区本级职工基本医疗保险管理办法》中有关规定执行。

第八条 参保人员在本市任何一家定点医疗机构或零售药店就医、购药，使用个人账户资金时均通过社会保障卡与医疗机构和零售药店直接结算。个人账户资金不足支付时，由本人现金支付。

第九条 个人账户资金的主要用途。

（一）在定点医疗机构门诊、定点零售药店就医购药支出的医疗费、药费。

（二）统筹基金起付标准以下的医疗费用。

（三）统筹基金起付标准以上，最高支付限额以下由个人负担的医疗费。个人账户资金不足支付的部分，由本人自付。

第十条 参保人员在使用个人账户资金时，必须符合相关政策规定的费用支出。

第十一条 个人账户资金与统筹基金分开核算，单独管理，不得挪用或相互挤占，更不得用于平衡基本医疗保险统筹基金。

第十二条 参保人员因工作调动，岗位变化、死亡、社会保障卡丢失、损坏等原因需更换、补发、注销社会保障卡的，由参保单位负责持有效证明及时到有关部门办理。

第十三条 参保人员如发现伪造社会保障卡，弄虚作假、冒名顶替等违纪行为，将依据《内蒙古自治区本级城镇职工基本医疗保险管理办法》中有关规定予以处罚。

第十四条 定点医疗机构、定点零售药店与医保局实行计算机联网结算,计算机接入自治区金保工程业务专网,使用统一结算软件和统一结算办法,接受医保局稽核与监督。

第十五条 医保局要加强对参保职工社会保障卡使用的监督和管理工作,发现问题及时纠正,确保网上结算数据正确。对违反医疗保险政策的行为,按照《中华人民共和国社会保险法》和服务协议相关规定进行处理。

第十六条 加强医疗保险个人账户支出管理,定点医疗机构、定点零售药店不得利用社会保障卡串换项目、虚开发票、套取个人账户基金。要加强政策宣传,引导广大参保人员合理规范地使用基本医疗保险个人账户基金,充分发挥个人账户在就医购药和保障健康方面的作用。

第十七条 社会保障卡的相关问题及使用方法,参保人可登录内蒙古自治区社会保障卡服务网(www.12333k.cn)在线查询办理或拨打12333电话服务热线进行咨询。

参考文献

［1］贝弗里·J. 西尔弗. 劳工的力量［M］. 社会科学文献出版社，2012.

［2］蔡国萱. 广州社会保障发展报告（2014）［M］. 社会科学文献出版社，2014.

［3］陈世金，李佳. 我国失业保险金待遇调整探索——以河北省为例［J］. 人口与经济，2011（4）.

［4］丁建定，何二毛. 论中国社会福利制度类型的完善［J］. 贵州社会科学，2015（6）.

［5］丁建定. 居家养老服务：认识误区，理性原则及完善对策［J］. 中国人民大学学报，2013（2）.

［6］高文书，高梅. 城镇灵活就业农民工社会保险问题研究［J］. 华中师范大学学报（人文社会科学版），2015（5）.

［7］高传胜. 中国社会救助体系建设还可以再做些什么？［J］. 中国民政，2011（9）.

［8］巩春秋. 关于失业保险制度功能转型问题的思考［J］. 山东社会科学，2014（11）.

［9］国家民政部. 民政事业发展"十二五"规划纲要. ［EB/OL］. http://www.mca.gov.cn/，2015-10-03.

［10］何克春等. 基本医疗保险制度下三种不同险种制度之间的整合与衔接［J］. 中国社会医学，2012（5）.

［11］何文炯. 劳动力自由流动与社会保险一体化［J］. 中国社会保障，2010（12）.

［12］胡长静. 我国失业保险制度的发展及反思［J］. 特区经济，2012（3）.

［13］拉利斯·萨拉蒙. 非营利部门的兴起［M］//何增科. 公民社会与第

三部门．社会科学文献出版社，2000．

［14］李霞．社会保险现状和对策浅析［J］．人力资源管理，2015（4）．

［15］李亚文．高水平广覆盖社会保险体系构建问题研究［J］．经济研究导刊，2014（3）．

［16］李珍，王海东．完善失业保险之微观保障及宏观管理功能研究——基于金融危机的启示［J］．保险研究，2012（10）．

［17］李亮山．劳动关系政府规制理论研究［M］．经济科学出版社，2014．

［18］李英敏，李继民．促进再就业视角下重构我国失业保险制度［J］．特区经济，2011（6）．

［19］李立国．以法治建设引领和规范民政事业发展［J］．社会保障制度，2015（4）．

［20］鲁全．养老金制度模式选择论——兼论名义账户改革在中国的不可行性［J］．中国人民大学学报，2015（3）．

［21］吕学静，丁一．北京市老年人网络养老服务需求意愿及影响因素分析［J］．社会保障研究，2013（1）．

［22］马兆柱，陈琪．失业保险制度保障功能再探——以浙江省衢州市为例［J］．中国人力资源社会保障，2014（12）．

［23］穆光宗．我国机构养老发展的困境与对策［J］．华中师范大学学报（人文社会科学版），2012（2）．

［24］内蒙古民政厅．内蒙古自治区民政事业"十二五"规划纲要［EB/OL］．http：//www.nmnzt.gov.cn/，2015-10-03．

［25］内蒙古民政厅．内蒙古2011～2014年工作总结［EB/OL］．http：//www.nmnzt.gov.cn/，2015-10-03．

［26］内蒙古民政厅．内蒙古自治区关于加快发展养老服务业的实施意见［EB/OL］．http：//www.nmnzt.gov.cn/，2015-10-03．

［27］内蒙古自治区人力资源和社会保障厅．内蒙古自治区人力资源和社会保障事业发展"十二五"规划纲要［EB/OL］．http：//www.nmg.gov.cn．

［28］内蒙古自治区人民政府．内蒙古"十二五"规划纲要［EB/OL］．http：//www.nmg.gov.cn．

［29］潘毅，卢晖临，郭于华，沈原．我在富士康［M］．知识产权出版社，2012．

［30］裴宜理．上海罢工［M］．江苏人民出版社，2012．

［31］宋宝安．我国社会养老制度的政策回应度问题研究［J］．江海学刊，2007（2）．

［32］王延中，龙玉其．社会保障统筹发展论［J］．社会保障制度，2015（10）．

［33］王振耀，田小红．中国养老体制结构转型思考［J］．行政管理改革，2015（5）．

［34］乌日图．关于当前社会保险重大问题的研究［J］．社会保障研究，2013（3）．

［35］薛惠元，邓大松．我国养老保险制度改革的突出问题及对策［J］．经济纵横，2015（5）．

［36］谢春艳等．我国医疗保险费用支付方式改革的探索与经验［J］．中国卫生经济，2010（5）．

［37］徐晓莉，张玲，马晓琴．我国失业保险支出与城镇失业率关系研究——基于误差修正模型的分析［J］．人口与经济，2012（2）．

［38］许艳丽．俄罗斯的医疗保险制度［J］．中国医疗保险，2015（7）．

［39］杨立雄．贫困线计算方法及调整机制比较研究［J］．经济社会体制比较，2010（5）．

［40］杨立雄．最低生活保障制度存在的问题及改革建议［J］．中国软科学，2011（8）．

［41］杨燕绥．激活养老服务业，延长就业年龄［J］．中国人力资源社会保障，2014（9）．

［42］杨俊．职工基本养老保险制度财务影响因素研究——以全国统筹背景下的社会统筹制度为对象［J］．中国人民大学学报，2015（3）．

［43］杨燕绥．养老金并轨的机遇与挑战［J］．行政管理改革，2015（5）．

［44］杨怀印，曲国丽．灵活就业人员的社会失业保险制度设计相关问题［J］．中国行政管理，2010（5）．

［45］姚建平．中国城市最低生活保障标准水平分析［J］．中国软科学，2013（11）．

［46］曾庆鸿等．广西城乡不同医疗保险制度衔接对策的思考［J］．医学与社会，2011（3）．

［47］张海洋等．城镇职工医疗保险个人账户存废问题探讨［J］．社会保障研究，2015（2）．

［48］张浩淼．中国发展型社会救助制度建设：国际视野下的分析与启示［J］．改革与战略，2013（8）．

［49］张峻豪，邓大松等．城市居民最低生活保障制度的困境分析与政策转型［J］．中国人口·资源与环境，2014（12）．

[50] 张瑞峰,张映芹.失业保险基金供求失衡矛盾的探析[J].西安建筑科技大学学报(社会科学版),2012(6).

[51] 赵溯理,杨怀印.我国城镇低保救助制度的完善设计建议[J].中国行政管理,2014(8).

[52] 郑功成.我国新时期的反贫困战略[N].光明日报,2014-06-13.

[53] 郑功成.中国社会保障演进的历史逻辑[J].中国人民大学学报,2014(1).

[54] 郑功成.中国社会救助制度的合理定位与改革取向[J].国家行政学院学报,2015(8).

[55] 郑功成.中国社会福利改革与发展战略:从照顾弱者到普惠全民[J].中国人民大学学报,2011(2).

[56] 郑秉文.居家养老社会化[N].人民日报,2010-01-26(21).

[57] 郑秉文.中国养老改革之我见[J].中国社会保障,2013(11).

[58] 郑秉文.居民养老保险制度再思考[J].中国人力资源社会保障,2014(4).

[59] 郑功成.从地区分割到全国统筹——中国职工基本养老保险制度深化改革的必由之路[J].中国人民大学学报,2015(3).

[60] 中华人民共和国人力资源和社会保障部.人力资源和社会保障事业发展"十二五"规划[EB/OL].http://www.mohrss.gov.cn.

[61] 周沛.社会福利视野下的发展型社会救助体系及社会福利行政[J].社会保障制度,2013(3).

[62] 朱云霞.社会保险征缴扩面亟待解决的问题研究[J].人力资源管理,2013(11).

后　记

"十二五"期间,内蒙古自治区社会保障制度取得很大的进展,基本实现了制度全覆盖,保障水平不断提高、基金规模不断扩大,为保障社会成员基本生活、推进经济发展、促进社会和谐发展,发挥了巨大作用。但是,目前内蒙古自治区社会保障制度的发展与内蒙古经济社会发展水平不相适应,难以有效满足人民群众日益增长的社会保障需求。因此,在内蒙古自治区社会经济转型、城乡统筹发展的背景下,社会保障制度的改革成为社会关注的焦点。为此,内蒙古自治区"8337"发展目标中,提出"更加注重民生改善和社会管理"的发展目标。基于这点,本报告以"社会服务与社会保险"为主题,着重研究了内蒙古自治区社会救助、社会福利、社会保险三大保障机制。

《内蒙古自治区社会保障发展报告》是在我们多年工作经验的基础上完成的一本报告,具有一定的先进性及较强的可操作性。长期的理论积累也为我们深入研究提供了肥沃的土壤,同时为提出的观点提供了坚实的实践支持。

在编写《内蒙古自治区社会保障发展报告》过程中,我们走访了内蒙古自治区人力资源与社会保障部门、内蒙古自治区民政部门,内蒙古自治区社会保险部门,并参考了这些部门的工作规划和统计公告。在此,对这些部门领导和同志给予本书大力支持表示衷心的感谢。

感谢内蒙古财经大学科研处处长柴国君教授、副处长乌仁其其格教授和财政税务学院院长白贵教授给予的支持和鼓励。

感谢那些素未谋面,但在撰写过程中给予极大帮助的参考文献的作者们。他们潜心研究的成果,为我们完成发展报告提供了强有力的支持。在此,特向各位学界的前辈表示感谢和敬意。

本书各章节由下列作者编写:第一章内蒙古自治区民政事业发展部分:娜仁图雅;第二章内蒙古自治区社会保险事业发展部分:鲍震宇;第三章内蒙古自治区城乡最低生活保障部分:任海霞;第四章内蒙古自治区社会化养老服务部分:

娜仁图雅；第五章内蒙古自治区基本养老保险制度部分：乌仁格日乐；第六章内蒙古自治区基本医疗保险部分：魏瑞清；第七章内蒙古自治区失业保险部分：鲍震宇；第八章内蒙古自治区劳动关系部分：李亮山。全书由娜仁图雅审稿，魏瑞清负责统稿。全书数据图表由曹永红老师、硕士研究生钟丽杰、修龙滨整理。由于编写组成员在时间上和能力上的不足，因而，在研究和写作的过程中难免有不足之处，只能期待在今后的研究中对这些问题加以弥补。在此，敬请广大读者对本书的不妥之处提出批评斧正。

编者

2015.11